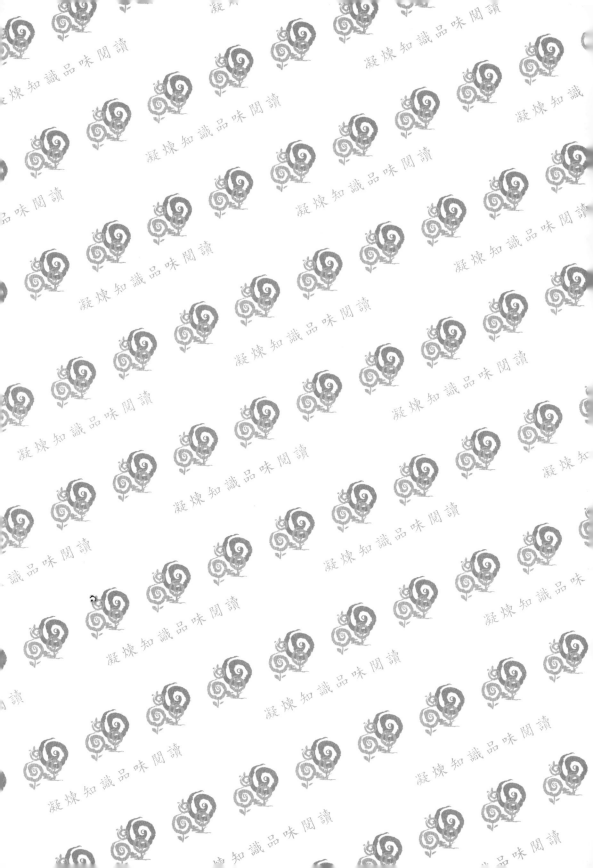

公務人員權義論

劉昊洲　著

五南圖書出版公司 印行

自　序

　　權利與義務二者，乃身處法治社會的現代人民主要生活面向。撇開宗教與情感的層面，所有的社會生活幾可化約為權利與義務，所有的法律關係也可說是權利義務關係，特別是在私領域生活更是如此。

　　公務人員是人民的一部分，關於其權利義務的重要性，當不在話下。然而公務人員也是特殊的人民，不只是其工作部分皆屬公領域生活，尚且直接或間接代表國家執行公權力，故不僅止於權利與義務，在權利之先一定有職權的前提，而在義務之後也會延伸到責任。職是，談公務人員的法律關係或生活面向，必須涵括職權、權利、義務與責任四者，才是完整的；這也就是說公務人員的權義，除權利、義務外，亦包括職權與責任。

　　公務人員是國家統治機器的重要組成分子，也是維繫社會和諧安定的主力部隊，他們為國家盡忠，為社會效勞，為民眾服務，卻不能為自己盤算。但公務人員是否註定活該倒霉，「有功無賞，打破要賠」呢？如不照顧好自己，又怎能幫助與服務他人呢？又有誰應照顧與關心公務人員呢？多年以來，這些疑惑一直縈繞於心，始終不能忘懷。

I

有感於此，筆者自二十八年前至考試院服務後，始終關懷公務人員的種種，並試圖形諸筆墨文字。是幸！也是不幸！正因為工作不致過度操勞忙碌，仕途未能更上層樓，乃有閒暇餘力看看書、動動筆，抒發一己愚見，又有什麼不好呢？而浸淫多年，固然談不上什麼成就，但至少留下一些字跡，這不就是安慰嗎？

　　長久以來，一直很喜歡清末名臣李鴻章的一段話：「享清福不在為官，只要囊有錢，倉有米，腹有詩書，便是山中宰相；祈禱年無須服藥，但願身無病，心無憂，門無債主，可為地上神仙。」在勉能溫飽，尚無憂病的當下，特別感恩上天的垂憫，國家的照顧，長官的厚愛，同仁的包容，家人的支持與摯友的關懷；縱然當不成山中宰相與地上神仙，也應永銘心坎，勉力而行。

　　本書得以成形，應感謝所有師長、長官、長輩、學長姐、同學、同事、好友、學弟妹、學隸的教導、提攜、關懷與照顧之情。特別要感謝父母的生養教誨之恩，他們年歲已大，卻仍然孜孜操勞於農事與家務，這就是一個最好的榜樣。承蒙關前院長一中、伍院長錦霖、張考試委員明珠、蔡前主任委員璧煌的提攜厚愛，才能夠回到熟悉的考試院大家庭，略盡一名公務界老兵的棉薄之力，謹藉此表達由衷感謝之忱。李副院長逸洋、郭主任委員芳煜在工作上的領導，郝副主任委員培芝、葉副主任委員維銓、賴委員來焜、楊委員仁煌、桂委員宏誠、楊委員子慧、劉委員如慧、吳委員登銓、洪助理嘉雀及保訓會全體同仁在業務上的指導與協助，更要深深的一鞠躬，特別致上敬意與謝意。當然，內人、弟妹及女兒的幕後支持與協助，也是有功人員，「內舉不避親」，亦應表達感謝之忱。

直道是：「筆鋒勝於劍鋒」，「知識就是力量」，「悠悠千古，唯書籍堪為傳承；漫漫長夜，藉讀書以資排遣。」讀書與寫作的重要性不言已喻。筆者才疏學淺，能力微薄，竟也東施效顰，玩起搬弄文字的把戲，尚請學術界諸先進長輩本於照顧提攜之初衷，不吝包容與海涵；也請公務界長官、同仁們叼在公務大家庭成員的情誼，多予賜正與指教！當然內文如有謬誤不當、不盡周妥之處，筆者除應負起全責外，也要拜請諸先進長輩、長官、同仁及同學珠玉誨正！是所至盼—

公務界老兵 **劉昊洲** 謹識

2017 年 10 月 10 日

於台中清水鄉下

目　次

表目次

圖目次

第一章

緒　論

　　現代國家不能沒有政府，因為設置政府的目的在維持社會秩序、提供公共設施、追求公平正義。（Janda, K. 1990:2）公務人員（public servant or employees servant）是國家機器的組成分子，既是政府施政的執行者，也是代表國家執行公權力之人；既是公共管理者，更是公共利益之信託者。（皮純協等，2002：4）再崇高的良善目的，再美好的制度措施，再細緻的政策規劃，如無公務人員落實執行，終將流於「竹籃打水一場空」的虛幻；縱有英明的領導者，如無法有效帶領公務人員前進，也將陷於「原地空轉」的困境。是以宋朝名臣司馬光謂：「為政之要，莫如得人；百官稱職，則萬務咸治。」在民主法治時代，公務人員無疑扮演國家持續穩定前進的推手，其重要性不言已喻。

　　權利（right）與義務（duty）是法治社會中，國家賦予每個人的基本配備，也是現代法律關係的實質內容。每個人在享受權利的同時，也必須履行其義務。公務人員是身分特殊、職業與常人有別的人民，任職在政府機關中，權利與義務亦是其工作與生活最重要的兩個面向，彼此相互對立，也相輔相成。由權利向前延伸就是職權（authority），由義務往後探究即是責任（responsibility）；是以公務人員的權義應包括職權、權利、義務、責任四者，這四者幾乎就

是公務人員基於身分與職務而來的公領域全部。

壹、名詞界定

　　公務人員是個眾人經常談及、隨時可聞，卻也是難以精準定義、不易掌握的名詞。我國在封建王朝時代，只有朝廷命官、大臣、官吏等稱呼，原無公務人員之概念與說法。民國成立後，孫中山以「公僕」觀念勉勵政府官員應發揮「為民服務」的精神，並參照日本所譯「公務員」一詞，乃有「公務員」名稱的出現。民國17年9月1日國民政府制定公布中華民國刑法；其中第17條規定，公務員者，謂依法令從事於公務之人員。乃我國在正式法律條文中最早出現公務員一詞的文件。18年制定公布「公務員任用條例」，則為我國政府部門法律文件正式使用「公務員」稱呼的開始。其後，20年公布「公務員懲戒法」，23年公布「公務員卹金條例」，24年公布「公務員考績法」，28年公布「公務員服務法」，均以公務員名之。惟民國36年行憲後，依憲法第8章所定公務人員一詞，所制定公布的公務員相關法律，則以公務人員名之，如公務人員考試法、公務人員任用法、公務人員保障法、公務人員訓練進修法等均是。雖然目前在法律條文中提及「公務員」者仍然所在多有，但冠以「公務員」名稱的法律，卻僅有公務員服務法與公務員懲戒法二法。（徐有守，2007：38）

　　在法規適用或一般行政處理上，與公務人員相近的名詞甚多，常見的有：文官、官員、官吏、事務官、行政人員、政府人員、常任文官、常任人員、常務人員、公務員、文職人員、公職人員、公教人員、公務人力、文職公務員、常任公務員、文職公務人員、常任公務人員等。其中公務人員與公務員只有一字之差，不僅是使用

量較大較多的法律名詞，也具有較明確的指涉範圍；兩者經常混淆不分、難以區別。但大致言之，公務員的範圍較廣，公務人員的範圍較狹；以公務員為名的法律皆制定於行憲之前，以公務人員為名的法律均制定或修正於行憲之後。行政法學者偏好使用公務員一詞，而人事行政學者較習慣以公務人員稱呼。

一、法制上的定義

就法律名稱言之，目前我國在法制上常見的用語主要有公務員、公務人員、公職人員、公教人員等詞。界定公務員一詞的法規有：國家賠償法、中華民國刑法、公務員服務法、公務員轉任受託處理大陸事務機構轉任方式回任年資採計方式職等核敘及其他應遵行事項辦法等4個。界定公務人員一詞的法規有：公務人員任用法施行細則、公務人員留職停薪辦法、公務人員陞遷法、公務人員品德修養及工作績效激勵辦法、公務人員行政中立法、公務人員請假規則、公務人員退休法、公務人員撫卹法、公務人員考試法施行細則、公務人員保障法、公務人員協會法、公務人員因公涉訟輔助辦法等12個。界定公職人員一詞的法規有：公職人員財產申報法、公職人員利益衝突迴避法、公職人員選舉罷免法、國籍法、宣誓條例等5個。界定公教人員意義的法規有：公教人員保險法、獎章條例施行細則等2個。其中使用公務人員一詞的法規最多。

諺云：有社會斯有法律（Where there is a society,there is a law），可知法律乃社會的產物。（羅傳賢，2014：1）由於我國在立法體例上係採「個別立法主義」，一事項即以一法律規定，而每一法律均對其規範對象分別定義；同一名詞在不同法律中的指涉意義或適用範圍也不完全一致，因此可以說我國法律上的公務員、公務人員並沒有統一性的概念。即以公務員為例，國家賠償法第2條是指：依法令從事於公務之人員；中華民國刑法第10條第2項規定，係

指：1.依法令服務於國家、地方自治團體所屬機關而具有法定職務權限，以及其他依法令從事於公共事務，而具有法定職務權限者；2.受國家、地方自治團體所屬機關依法委託，從事與委託機關權限有關之公共事務者；公務員服務法第24條規定，則以「受有俸給之文武職公務員及其他公營事業機關服務人員」為適用範圍。三者定義既不一致，指涉意涵與範圍也各有不同。

公務人員之指涉範圍則較為狹窄，相對也較為固定與精確，一般係以公務人員任用法施行細則第2條規定為準據。依該條規定，所稱公務人員，係指：1.中央政府及其所屬各機關；2.地方政府及其所屬各機關；3.各級民意機關；4.各級公立學校；5.公營事業機構；6.交通事業機構；7.其他依法組織之機關；其組織法規中，除政務人員及民選人員外，定有職稱及官等、職等之人員。公務人員行政中立法第2條係指：法定機關依法任用、派用之有給專任人員及公立學校依法任用之職員。公務人員保障法第3條則指：法定機關（構）及公立學校依公務人員任用法律任用之有給專任人員。據上開法律之界定，可知公務人員係以考試及格且經銓敘任用，並受到永業任職保障的常任文官為大宗，不過也包括機要人員與派用人員在內。

除公務員與公務人員有不同之法律名稱與定義外，在法制上尚有以公職人員及公教人員為法律名稱並定義者，前者如公職人員財產申報法等，後者如公教人員保險法等。（有關公務員、公務人員、公職人員、公教人員在法制上的意義，如表1.1、表1.2、表1.3、表1.4所示。）

由上所述，可知公務員、公務人員、公職人員、公教人員四者在法制上的意義並不相同；即使同一名詞在不同的法律，也有不同的概念，不能不予釐清。

二、學理上的定義

在學理上對於公務員之定義亦見仁見智、莫衷一是，對公務員與公務人員的區分更是混淆與分歧。學者的用法與定義殊異，茲舉數位學者及主管機關的見地說明如下：

（一）管　歐

公務員者，國家依法令特別進用，從事公務，對國家負有忠誠且無定量勤務之義務者。（管歐，1974：278）

（二）張家洋

所謂公務人員，係指國家依法令特別選用，基於特別權利義務關係，從事於公務，對國家負有忠誠及無定量勤務義務的人員。（張家洋，1987：149；1992：296）

（三）林紀東

1.公務員乃由國家特別選任，對國家服務，且負有忠實義務之人。（林紀東，1977：237；繆全吉等，1989：35）。

2.公務員是政府依據法令所特別選任，從事於公務，而對國家負有忠誠，服無定量勤務義務的人員。（張家洋等，1992：297）

（四）陳新民

所謂公務員，是指國家、地方自治團體及其他行政主體，爲實現其設立目的，選拔一定之人員，俾達成行政主體之任務，該人員對於其所任事之機構（國家及公法人）負有公法上之服勤及忠誠之

義務。這些廣義的公務員可分為憲法意義的公務員、刑法意義的公務員與行政法意義的公務員三大類型。（陳新民，2005：203）

（五）董保城

在學理上之公務員，指國家或地方自治團體任用，並與國家或地方自治團體發生公法上職務及忠實關係之人員。（董保城，2011：282；2016：261）

（六）黃　異

所謂公務員，指由行政主體選任，而與行政主體之間有服務及忠誠關係之公職人員。（黃異，2009：224）

（七）陳志華

公務員，為國家或地方自治團體所任用，並與國家或地方自治團體有公法上服公職及忠實關係之人員。（陳志華，2007：155）

（八）劉得寬

公務員，即從事國家及地方公共團體公務之人員。（劉得寬，1990：253）

（九）銓敘部

公務人員：指於各級政府機關、公營事業機構、公立學校擔任組織法規所定編制內職務支領俸給之文職人員；但不包括各級民意代表及公立學校教師。（銓敘部，2017：II）

要之，公務員是具有一定任用資格，為國家或地方自治組織所任用，而依法執行職務的人員；大致係指由國家直接或間接進用，在公部門任職，從事與公眾利益相關工作的特殊人群。至於公務人員，乃指經國家依法考試及格，由國家直接或間接任用，並經銓敘合格，在政府機關或其他公部門任職，從事與公眾利益相關工作的特殊人群。

本書所言之公務人員，乃以公務人員任用法施行細則第2條所界定的狹義公務人員為主。雖以狹義的公務人員為核心主體，但也會因不同的法律規定而擴及周遭性質相近的人員。

貳、相關用語

除公務人員與公務員等不用名詞所指涉的定義外，關於權力、職權、權利、義務與責任等五者，亦為本書主要探討之標的，自有必要先闡釋彼等之定義與概念。

一、權 力

所謂權力（power），雖然定義不一，但大致係指有所憑藉而能使他人服從的力量。申言之，因個人具有某種身分、地位或職務，因而能夠要求相對人履行一定作為或不作為的力量，即為權力。傳統權力觀認為權力來自權威與權勢，故相對兩造之間是上下的、強制的、絕對的、不平等的、命令與服從的關係。現代權力觀則認為權力不必然是正式的權力，也應包括非正式的權力，影響力即是一種越來越重要的非正式權力；只要能影響他人，對方亦願意接受或聽從其意見，即屬權力的展現。

　　權力關係普遍存在於組織與社會之中，只要兩個人以上，即有權力存在。正式的權力來自於身分或職掌，因為法律制度的規範與賦予而取得，也因為相對他造的承認或容忍而存在。最容易看到權力的地方有二，一是在組織層級體系中上級對下級的關係，二是公務人員在執行職務之際。前者的權力關係通常是長久的，也是具體的；後者的關係型態較為多樣，端視其職權行使而定，可能是短暫的或長久的，是軟性的或硬性的，也可能是普遍的、部分的或個別的。例如交通警察執行路檢任務，即屬短暫的，硬性的，但普遍的權力展現；而榮民之家輔導員對就養榮民之服務，則屬長久的，軟性的，但個別的權力展現。

　　權力是強者的工具，屬於有權者，本身既有力量，故毋須強調保障，但應監督、制衡及負責。權力需要的是以法規制度加以規範，更需要有權者的自我要求與約束；既不允許怠權，亦不應該擴權或濫權。惟有尊重法律制度的規範，允當適切的行使權力，才會使相對弱勢的他造甘於信服，從而減少行政與社會成本的支出，增進兩造之間信任與和諧的關係。

二、職　權

　　職權（authority），顧名思義是指因職務行使而擁有的權力。申言之，是在組織中因佔據某一職務，為執行公務或法律賦予的職掌，因而取得的權力。基本上職權屬於正式的權力，也就是體制上的權力，它普遍存在於公私組織之中，但不在家庭組織或社會；如為公部門組織對外的行使，即一般所稱的公權力。

　　在民主國家，不論任何政府組織，或任一政府職務，其職權的基礎均與民意有關，但其主要依據則來自於法律的授予，也受到法律的規範。這也就是說任何職權的行使都不能脫離法律的約束與限

制，也都要受到監督與制衡，更應有一套課責或問責的機制；在怠於行使職權，或逾越、濫用職權之際，均得依法追究其責任。

政府機關的職權，若就完整性或功能性而言，基本上屬於機關，而非個人。不過因絕大多數機關採取首長制，故由機關首長代表機關行使職權，即由首長綜理一切事務；副首長以下公務人員則基於組織法規、其他專業或作用法規的規定，或首長的授權及指示，而取得部分職權，但其職權行使的最後效果仍歸屬於機關。如其有違法失職以致侵犯人民權益之處，除個人應負刑事及懲罰責任外，機關尚應負起國家賠償責任。機關賠償後，尚得審究公務人員個人有無故意或重大過失之責任，而予以求償。

這也就是說，公務人員的職權，源自其職務，本於其職掌，相對課予其職責，期盼發揮其職能。此五者大致是一體多面的說法，只是角度不同而已。

三、權　利

權利（right），即依據法律規定人民應該享有的利益；簡言之，是指法律所賦予的正當利益。（國家文官學院，2017：3-4-7）也就是為獲得一定的利益依法所賦予之力量。申言之，係指為維持及增進人類社會生活之一般利益，得在法律上為主張之力量。（劉得寬，1990：113）權利與權力二者，音雖同，但意義有別；權利偏重利益，而非力量，權利的相對關係是平行的、任意的、相對的、個人的；基本上兩造是平等互對的關係，不存在命令服從的問題。權利的對應是義務，故權利義務經常同時出現，「有權利，即有義務」；「享權利，即應盡義務」的說法也經常可見。絕大多數的私權皆屬於權利，而非權力；原則上人民可依其意願行使或拋棄其私權利，但公務人員多數公權利則不准拋棄；權利的本質明顯與權力

不同。（如表1.5）

　　就歷史發展言之，權利是民主法治國家始有的產物，不同於恩賜、酬庸或福利；基本上應以法律明文規定。不過亦有學者主張，在給付行政，權利並不一定要以法律規定，或有法律授權的依據，只要有職權命令或行政規則即可；前者名之為法定權利，後者則稱為非法定權利。

　　關於人民的權利，基本上皆屬於一般性的權利；依其法律依據及性質，可區別為公法權利與私法權利兩種。公務人員的權利均屬於公法權利，乃公務人員本於其身分或職務而享有的權利，專屬於公務人員，非一般人民可以比擬。公務人員除普遍享有的權利外，基於特定的職務，亦享有一些特定的權利或福利，例如各部會常務次長、各級法院法官可以申請職務宿舍，即是。

　　權利既是法律或法律授權命令所設定、賦予及許可，即應依據法律規定行使，從而受到法律的約束與限制，也應得到法律的保障。如權利的行使受到侵犯，即可提起救濟，用資排除違法或不當的侵害，以保障其權利的合法與正當存在。

四、義　務

　　所謂義務（duty），指法律為保障特定利益，而課其相對人以一定作為或不作為之拘束力。基本言之，義務是法律對人民的強制，具有一定的拘束力，故不得任意變更或免除；當事人必須履行法律所定之義務，否則即屬違反義務，應負擔違反義務之責任。

　　關於人民的義務，雖有多種不同的區分，但就法律關係言之，主要可分為公法上的義務與私法上的義務兩種。公務人員的義務，

係本於其身分與職務而來，均屬於公法上的義務。在國家與公務人員「公法上職務關係」的基礎之上，公務人員的義務固然仍不脫概括性，但已然朝向客觀、明確的道路邁進，且強調其法律或法律授權命令的依據。

義務的相對面是權利，在人民因拋棄某些權利後，即可主張不履行其義務；但公務人員的義務泰半均屬強制性的義務，不完全與權利相對。縱然拋棄其權利，亦不能不盡其義務；亦不能因其權利受損，而主張減免其義務負擔。公務人員如未盡到其應盡的義務，即會受到責任的追究。

五、責 任

所謂責任（responsibility or accountability），係指基於法律規範，個人如未盡其應盡之義務，即應被追究並承擔一定的後果之謂。責任起於生責，繼之以課責，最後終於究責。在生責階段，主要視其有無此一身分或職務，而定其責任；在課責階段，乃觀其行為態度有無違法或不當之處，而論其應負責任；在究責階段，則視其情節輕重，給予一定之處罰或不利益處分，此即為責任的追究與承擔。基本上如已盡其義務或職責，即無究責可言。

一般人民的責任，可能來自於法律規範或倫理道德要求，但公務人員責任一定是來自於法律規範，即所謂法律責任；除刑法外，主要是公務員相關法律規定。就現況以觀，公務人員的法律責任，既來自於職務本身，或職權行使而生的職責，也因職務外，尚具有一定身分，應承擔的責任而來，例如出入特種營業場所、為特定人士站臺助講輔選即是。其責任態樣包括行政責任、刑事責任、民事責任三大部分，行政責任則以懲處責任與懲戒責任為主。在這些責任追究中，以刑事責任為最重，懲處責任較常見。

參、範圍架構

公務人員是國家統治機器的組成分子，其重要性或不若民選首長及政務人員，但其人數較多，且分散在政府機關各個角落，以執行政策與推動各種業務為主；說是政府機關的主力部隊，絕不為過。西方學者瓦爾多（Waldo, D.）、馬可仕（Marx, Fritz N.）甚至稱此一現象為行政國（The administrative state）。公務人員平時戮力從公，兢兢業業為國家效勞，為人民服務，帶領社會大眾往前邁進，然而我們關心他們的工作與生活嗎？瞭解他們的職權、權利、義務與責任嗎？

本書旨在探討我國目前公務人員的權義，包括職權、權利、義務與責任四者。就研究範圍言之，係以公務人員為主角，探討上揭四個面向。就研究途徑言之，乃採文獻分析及法規制度研究途徑。就研究方法言之，則以觀察法、演繹法與歸納法為主。就研究架構言之，則先探討公務人員的本質，然後以之為基礎，分從職權、權利、義務與責任四個角度切入探討，最後提出檢討與建議。

一、研究範圍

如上所言，本書旨在研究現行一般公務人員關於權義之事項，故僅以此為主要探討範圍。易言之，乃就當前我國相關法規，除各種公務員法外，也包括民事、刑事及其他行政法規，凡涉及公務人員權利、義務、責任之規定者，均臚列探討之。至於職權部分，因僅做為論述權力之基礎，且因職權主要規範於各機關組織與業務法規中，至為龐雜繁多，亦難以完全盡述，故僅探討學理部分，而不探討其法律規範。（如表1.6；表1.7；表1.8）不過因我國採個別立法主義之故，部分法規適用對象擴及廣義公務員，包括民選公職人員、政務人員，甚至聘用人員、僱用人員等。為撰著之需，亦擴及

其他人員；又所謂權義，本文所指包括職權、權利、義務與責任，原不及於其他，但因福利（benefits or welfare）與權利之界限不易釐清，故亦將僅有職權命令或行政規則依據的福利事項納入。

職是，公務人員權義包括公務人員的職權、權利、義務與責任四者。本書研究範圍即侷限在這五個主題，分別是公務人員、職權、權利、義務、責任；基本上以此為範圍，僅在有必要時，始視情況需要稍微擴大範圍而已。（如圖1.1）

二、研究途徑

一般言之，社會科學的研究途徑有傳統的文獻分析與制度研究，以及新興的訪談、問卷調查與田野調查等。本書採文獻分析與制度研究途徑，一方面就現有書面資料，包括原級資料與次級資料，如法規條文、政府文獻、學者專家論述等，加以爬梳、分析與整理，俾能從中獲得合理解釋及新的啟發，是謂文獻分析；另方面就社會公認的行為模式或國家建構的法律規範，予以有系統的深入探討，期能發現他們的優劣利弊，並提出改進意見，謂之制度研究。不過亦有人將制度研究歸併在文獻分析途徑之中，也有其道理。

三、研究方法

在研究途徑之下，有多種不同的研究方法；有些可以相容並行，兼而採之，有些則互為排斥，只能擇一。本書乃以傳統的觀察法、演繹法及歸納法為主；所謂觀察法，係就社會事物予以有計畫及有系統的觀察，並就觀察所得提出客觀的解釋說明。所謂演繹法，係以普遍的原理推用於特定的事實，即以普遍經驗與類似事實為根據，推論及於其他。所謂歸納法，乃就研究的物象或事理，分

門別類予以整理歸結，以求得一致共通之點，並發現其原理。本書各章論述，這三種方法兼而用之。

四、研究架構

　　本書係以公務人員為最上位概念，並以其最重要的四個面向，即職權、權利、義務、責任為核心，各自依次開展及論述，最後予以歸結，並提出具體建議。易言之，係以研究公務人員的權義關係為主。（如圖1.2）本書的研究架構，即依此而建構。（如圖1.3）

肆、主要價值

　　諺云：公共之必要大於個人之必要（public necessity is greater than private），又云：私益次於公益（private good yields to public）。（羅傳賢，2014：59）所有公共議題的探討，自應以公益為鵠的，本書旨在探討公務人員權義，自當秉持此一理念而行。如上所言，本書係從文獻分析與制度研究途徑出發，除探討公務人員此一核心課題外，主要探討其職權、權利、義務與責任等四大面向。從公務人員個人角度出發，立基於公共利益，藉由法規範的制度平台，採主題式的探討，論述公務人員最重要的切身事物，以迥然不同於現行僅著眼於法規的介面與方法，予以全新的思考，當有其脫陳出新、立見不凡的意義與價值。

　　茲就本書的主要價值說明如下：

（一）強化法治對等關係

　　在法治社會，一切以法為本，國家與人民之間的一般統治關係

固然如此，即便在國家與公務人員之間亦應如此。我國在脫離威權統治時期，歷經一連串的政治改革之後，逐漸步入民主法治的常軌，公務人員與國家的關係已由特別權力關係朝公法上職務關係調整邁進。傳統的重人治輕法治思維，自應配合調整爲依法而治；原先絕對權力的命令服從關係，也應淡化爲相對權力的權利義務關係；至於上下左右之間的對應相處，悉以職務爲本，以法規範爲據。本書本諸法規範，特別是公務員法規，對於雙方對等地位的增進，法治精神的落實，或多或少有所助益。

（二）強調公務人員主體

公務人員的範圍大小，依不同法律規定，固有不同。（如圖1.4）但都秉承民選首長或政務人員的指示，服務民眾，處理各項業務，他們是政府機關的主力部隊，理應受到一定的尊重與合理的對待；然而過去有關考銓法規、人事制度、公務員法等論著，大致從政府管理的角度著眼，難免有所欠缺不足。本書完全立基於公務人員的角度，以公務人員爲主體，從權利義務關係出發，對於公務人員地位的強調與提升，自有不菲的正面效果。

（三）呈現完整權義內涵

由於我國公務人員法採分散式立法，原則上一事項即以一法規匡列，加以法規之間常有錯綜複雜的綿密關係，以及積極或消極的競合關係，所以任用權益不只在任用法規定，其他相關法律，如考試法、考績法、保障法也有類似規定，所以想要瞭解任用的完整全貌，只看任用法是不夠的。本書以主題的方式深入探討，既能完整的呈現各種權利、義務與責任的樣貌，對於現職公務人員當然具有更高的實用價值。

　　總而言之，探討公務人員的權義不難，難在深度、廣度與體系化。本書試圖嘗試走一條前賢先進未曾走過的路，大家接受度如何，是好是壞，固然一時難以得知，但具有強化法治對等關係、強調公務人員主體、呈現完整權義內涵的重要價值，則是可以肯定的，且讓我們拭目以待。

表1.1　公務員法制上的意義

序號	法規依據	規定方式	規定內容
1	國家賠償法第2條第1項	直接定義	依法令從事於公務之人員。
2	中華民國刑法第10條第2項	直接定義	一、依法令服務於國家、地方自治團體所屬機關而具有法定職務權限，以及其他依法令從事於公共事務，而具有法定職務權限之人員。 二、受國家、地方自治團體所屬機關依法委託，從事與委託機關權限有關公共事務之人員。
3	公務員服務法第24條	適用對象	受有俸給之文武職公務員及其他公營事業機關服務人員。
4	公務員轉任受託處理大陸事務機構轉任方式回任年資採計方式職等核敘及其他應遵行事項辦法第3條第1款	直接定義	各機關、公立學校及公營事業機構組織法規中，除民選人員外，定有職稱之專任人員、教育人員及公營事業人員。
備註：法律名稱冠有公務員，但未對公務員定義或規定適用對象之法律，尚有公務員懲戒法。			

表1.2　公務人員法制上的意義

序號	法規依據	規定方式	規定內容
1	公務人員任用法施行細則第2條	直接定義	本法所稱公務人員，指各機關組織法規中，除政務人員及民選人員外，定有職稱及官等、職等之人員： 前項所稱各機關，指下列之機關、學校及機構： 一、中央政府及其所屬各機關。 二、地方政府及其所屬各機關。 三、各級民意機關。 四、各級公立學校。 五、公營事業機構。 六、交通事業機構。 七、其他依法組織之機關。
2	公務人員留職停薪辦法第3條	借用規定適用對象	以公務人員任用法施行細則第2條所稱之公務人員為適用對象。
3	公務人員陞遷法第3條	適用對象	各級政府機關及公立學校組織法規中，除政務人員及機要人員外，定有職稱及依法律任用、派用之人員。
4	公務人員品德修養及工作績效激勵辦法第3條	適用對象	本辦法適用之對象如下： 一、行政機關依法任用、派用之有給專任人員。 二、公營事業人員。 三、聘任、聘用、僱用及約僱人員。 四、公立學校職員。 前項人員，不包括公立學校校長及教師。
5	公務人員行政中立法第2條	直接定義	法定機關依法任用、派用之有給專任人員及公立學校依法任用之職員。
6	公務人員請假規則第2條	適用範圍	以受有俸（薪）給之文職公務人員為適用範圍。
7	公務人員退休法第2條	適用範圍	依公務人員任用法律任用，並經銓敘審定之人員。

序號	法規依據	規定方式	規定內容
8	公務人員撫卹法第2條	適用範圍	依公務人員任用法律任用，並經銓敘審定之人員。
9	公務人員考試法施行細則第2條	以考試定其資格人員	本法第一條所稱以考試定其資格之人員，指下列各款人員： 一、中央政府及其所屬各機關公務人員。 二、地方政府及其所屬各機關公務人員。 三、各級民意機關公務人員。 四、各級公立學校職員。 五、公營事業機構從業人員。 六、交通事業機構從業人員。 七、其他依法應經考試之公務人員。
10	公務人員保障法第3條	直接定義	指法定機關（構）及公立學校依公務人員任用法律任用之有給專任人員。
11	公務人員協會法第2條	直接定義	本法所稱公務人員，指於各級政府機關、公立學校、公營事業機構擔任組織法規所定編制內職務支領俸（薪）給之人員。 前項規定不包括下列人員： 一、政務人員。 二、各級政府機關、公立學校首長及副首長。 三、公立學校教師。 四、各級政府所經營之各類事業機構中，對經營政策負有主要決策責任以外之人員。 五、軍職人員。
12	公務人員因公涉訟輔助辦法第2條	借用規定	公務人員保障法第3條及第102條所定人員。

備註：
1. 法律名稱冠有公務人員，但未對公務人員定義或規定適用對象或範圍者，計有公務人員考績法、公務人員俸給法、公務人員交代條例等3個法律。
2. 民國106年8月9日總統令公布，並定自107年7月1日施行的公務人員退休資遣撫卹法第3條規定適用範圍是：依公務人員任用法及其相關法律任用，並經銓敘審定之公務人員。（自是日起，現行公務人員退休法、公務人員撫卹法不再適用）。

公務人員權義論

表1.3　公職人員法制上的意義

序號	法規依據	規定方式	規定內容
1	公職人員財產申報法第2條	申報財產人員	下列公職人員，應依本法申報財產： 一、總統、副總統。 二、行政、立法、司法、考試、監察各院院長、副院長。 三、政務人員。 四、有給職之總統府資政、國策顧問及戰略顧問。 五、各級政府機關之首長、副首長及職務列簡任第十職等以上之幕僚長、主管；公營事業總、分支機構之首長、副首長及相當簡任第十職等以上之主管；代表政府或公股出任私法人之董事及監察人。 六、各級公立學校之校長、副校長；其設有附屬機構者，該機構之首長、副首長。 七、軍事單位上校編階以上之各級主官、副主官及主管。 八、依公職人員選舉罷免法選舉產生之鄉（鎮、市）級以上政府機關首長。 九、各級民意機關民意代表。 十、法官、檢察官、行政執行官、軍法官。 十一、政風及軍事監察主管人員。 十二、司法警察、稅務、關務、地政、會計、審計、建築管理、工商登記、都市計畫、金融監督暨管理、公產管理、金融授信、商品檢驗、商標、專利、公路監理、環保稽查、採購業務等之主管人員；其範圍由法務部會商各該中央主管機關定之；其屬國防及軍事單位之人員，由國防部定之。 十三、其他職務性質特殊，經主管府、院核定有申報財產必要之人員。
2	公職人員利益衝突迴避法第2條	借用規定	指公職人員財產申報法第2條第1項所定之人員。

序號	法規依據	規定方式	規定內容
3	公職人員選舉罷免法第2條	直接定義	一、中央公職人員：立法院立法委員。 二、地方公職人員：直轄市議會議員、縣（市）議會議員、鄉（鎮、市）民代表會代表、直轄市長、縣（市）長、鄉（鎮、市）長、村（里）長。
4	國籍法第10條	列舉規定	外國人或無國籍人歸化者，不得擔任下列各款公職： 一、總統、副總統。 二、立法委員。 三、行政院院長、副院長、政務委員；司法院院長、副院長、大法官；考試院院長、副院長、考試委員；監察院院長、副院長、監察委員、審計長。 四、特任、特派之人員。 五、各部政務次長。 六、特命全權大使、特命全權公使。 七、蒙藏委員會副委員長、委員；僑務委員會副委員長。 八、其他比照簡任第十三職等以上職務之人員。 九、陸海空軍將官。 十、民選地方公職人員。 前項限制，自歸化日起滿十年後解除之。
5	宣誓條例第2條	列舉人員	一、立法委員、直轄市議會議員、縣（市）議會議員、鄉（鎮、市）民代表會代表。 二、立法院院長、副院長；直轄市議會議長、副議長；縣（市）議會議長、副議長；鄉（鎮、市）民代表會主席、副主席。 三、中央政府各級機關政務人員、首長、副首長及簡任第十職等以上單位主管人員。 四、司法院大法官、考試院考試委員、監察

序號	法規依據	規定方式	規定內容
			委員、監察院院長、副院長。 五、駐外大使、公使館公使、代辦、總領事、領事館領事或其相當之駐外機構主管人員。 六、各級法院法官、檢察機關檢察官、行政法院法官及公務員懲戒委員會委員。 七、直轄市政府首長、委員及其所屬各機關首長。 八、縣（市）政府首長及其所屬各機關首長。 九、鄉（鎮、市）長。 十、各級公立學校校長。 十一、相當於簡任第十職等以上之公營事業機構或其所屬機構首長、董事、理事、監察人、監事。

表1.4　公教人員法制上的意義

序號	法規依據	規定方式	規定內容
1	公教人員保險法第2條	保險對象	本保險之保險對象，包括下列人員： 一、法定機關（構）編制內之有給專任人員。但依其他法律規定不適用本法或不具公務員身分者，不得參加本保險。 二、公立學校編制內之有給專任教職員。 三、依私立學校法規定，辦妥財團法人登記，並經主管教育行政機關核准立案之私立學校編制內之有給專任教職員。 四、其他經本保險主管機關認定之人員。 前項第一款人員不包括法定機關編制內聘用人員。但本法中華民國一百零三年一月十四日修正施行時仍在保者，不在此限。
2	獎章條例施行細則第2條	直接定義	本條例所稱公教人員，指下列編制內有給專任之文職人員： 一、政務人員。 二、民選首長。 三、各級政府機關編制內之職員。 四、各級公立學校教職員。 五、公營事業機構職員。

表1.5　權利與權力的區別

比較基準 ＼ 權的類別	權利	權力
權的性質	偏重利益	偏重力量
權的內涵	偏重私權	偏重公權
權的關係	平等互對	命令服從
相對關係	義務	責任
主要場域	法律	政治、管理

表1.6 公務人員權利類相關法規一覽表

權利類	任免方面	公務人員考試法及施行細則
		公務人員任用法及施行細則
		公務人員陞遷法及施行細則
		公務人員升官等考試法及施行細則
	考訓方面	公務人員考績法及施行細則
		褒揚條例及施行細則
		勳章條例及施行細則
		獎章條例及施行細則
		公務人員品德修養及工作績效激勵辦法
		公務人員訓練進修法及施行細則
		公務人員請假規則
		公務人員行政中立法及施行細則
		公務人員行政中立訓練辦法
		公務人員協會法
	給與方面	公務人員俸給法及施行細則
		中央公教人員生活津貼支給要點
		行政院與所屬中央及地方各機關公務人員休假改進措施
		軍公教人員年終工作獎金發給注意事項
		公務人員安全及衛生防護辦法
		公務人員一般健康檢查實施要點
		公教人員保險法及施行細則
		公務人員退休法及施行細則
		公務人員撫卹法及施行細則
		公教人員退休金其他現金給與補償金發給辦法
		退休公務人員一次退休金與養老給付優惠存款辦法
	救濟方面	公務人員保障法
		公務人員因公涉訟輔助辦法
		訴願法
		行政訴訟法及施行法
		國家賠償法及施行細則

備註：公務人員退休資遣撫卹法定自民國107年7月1日施行，自是日起，本法及施行細則將取代現行公務人員退休法、撫卹法及其施行細則。

表1.7 公務人員義務類相關法規一覽表

義務類	一般服務	公務員服務法 公務員兼任非營利事業或團體受有報酬職務許可辦法 公務人員請假規則 公務人員服務守則 公務員廉政倫理規範 行政院及所屬機關機構請託關說登錄查察作業要點 公務人員行政中立法及施行細則 公教人員保險法及施行細則 公務人員退休法及施行細則 公務人員撫卹法及施行細則 公務人員交代條例
	特定職務	宣誓條例 公職人員財產申報法及施行細則 公職人員利益衝突迴避法及施行細則 涉及國家安全或重大利益公務人員特殊查核辦法 臺灣地區與大陸地區人民關係條例

表1.8 公務人員責任類相關法規一覽表

責任類	懲處責任	公務人員考績法及施行細則
	懲戒責任	公務員懲戒法
	刑事責任	中華民國刑法 貪污治罪條例
	民事責任	民法
	國家賠償 求償責任	國家賠償法及施行細則
	其他法律責任	公務人員任用法及施行細則 公職人員財產申報法及施行細則 公職人員利益衝突迴避法及施行細則 臺灣地區與大陸地區人民關係條例

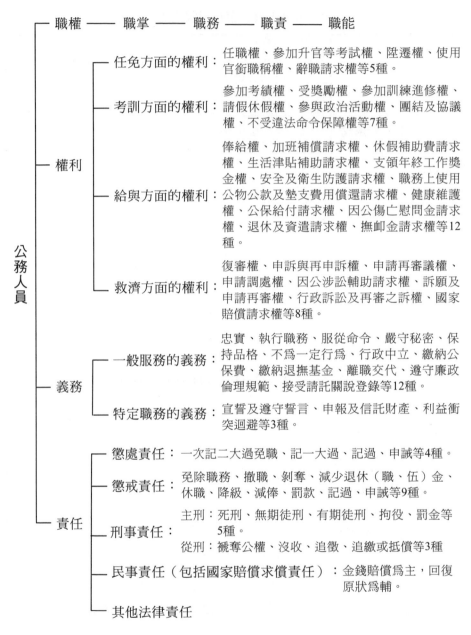

職權 ── 職掌 ── 職務 ── 職責 ── 職能

公務人員

權利

任免方面的權利：任職權、參加升官等考試權、陞遷權、使用官銜職稱權、辭職請求權等5種。

考訓方面的權利：參加考績權、受獎勵權、參加訓練進修權、請假休假權、參與政治活動權、團結及協議權、不受違法命令保障權等7種。

給與方面的權利：俸給權、加班補償請求權、休假補助費請求權、生活津貼補助請求權、支領年終工作獎金權、安全及衛生防護請求權、職務上使用公物公款及墊支費用償還請求權、健康維護權、公保給付請求權、因公傷亡慰問金請求權、退休及資遣請求權、撫卹金請求權等12種。

救濟方面的權利：復審權、申訴與再申訴權、申請再審議權、申請調處權、因公涉訟輔助請求權、訴願及申請再審權、行政訴訟及再審之訴權、國家賠償請求權等8種。

義務

一般服務的義務：忠實、執行職務、服從命令、嚴守秘密、保持品格、不為一定行為、行政中立、繳納公保費、繳納退撫基金、離職交代、遵守廉政倫理規範、接受請託關說登錄等12種。

特定職務的義務：宣誓及遵守誓言、申報及信託財產、利益衝突迴避等3種。

責任

懲處責任：一次記二大過免職、記一大過、記過、申誡等4種。

懲戒責任：免除職務、撤職、剝奪、減少退休（職、伍）金、休職、降級、減俸、罰款、記過、申誡等9種。

刑事責任：
主刑：死刑、無期徒刑、有期徒刑、拘役、罰金等5種。
從刑：褫奪公權、沒收、追徵、追繳或抵償等3種

民事責任（包括國家賠償求償責任）：金錢賠償為主，回復原狀為輔。

其他法律責任

圖1.1　公務人員的權義範圍（本書研究範圍）

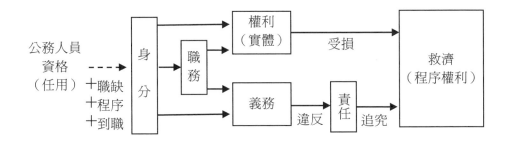

圖1.2 公務人員的權義關係

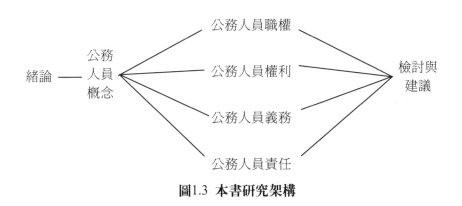

圖1.3 本書研究架構

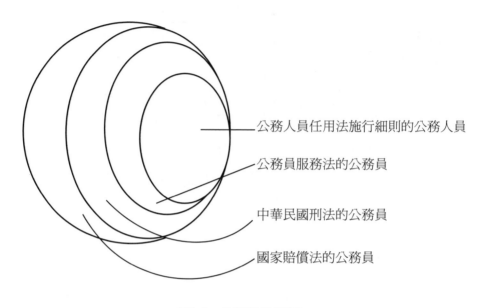

公務人員任用法施行細則的公務人員

公務員服務法的公務員

中華民國刑法的公務員

國家賠償法的公務員

圖1.4 公務員的範圍

第二章
公務人員概念

　　公務人員係以我國公民爲前提，經公務人員考試及格，由國家或地方自治組織依法進用之人員。其僱主一定是公家，即政府機關；所依之法必定是公法，即行政法體系之公務員法；所從事之工作必屬公務，即與公權力、公資源或公利益有關之事務。據此以言，公務人員與一般勞工的僱主不同，在職務行使與身分保障方面，公務人員受到的約束相對較多，獲得的保障也應更多，彼等與國家的法律關係自與一般勞工有別。

壹、公務人員的性質

　　正因爲公務人員與國家的法律關係不同於一般勞工，19世紀德國學者拉班德（Paul Laband）與梅耶（Otto Mayer）等人遂提出「特別權力關係」理論加以說明。此一理論又稱特別服從關係理論，係指行政法主體的一方，對於他方得爲無定量的命令強制，他方則有特別服從的義務。其特徵主要有五：1.當事人地位不對等；2.相對人義務不確定；3.有特別規則；4.對於違反義務之相對人有特別的懲戒權；（涂懷瑩，1980，143）；5.不得提起行政爭訟。（林紀東，1977：119）基本上，特別權力關係乃屬力的關係，公務人員乃國家

權力的客體（李惠宗，2002：121）。

上開所謂當事人地位不對等，是指公務人員與國家之間兩造地位不平等，國家處於優勢的支配地位。所謂相對人義務不確定，是指公務人員負有抽象概括的義務，也負有服無定量勤務的義務，其義務內容與範圍無法具體描繪。所謂有特別規則，是指國家可依實際需要，訂定其特別的管理規則，而排除法律保留原則的適用。所謂對於違反義務之相對人有特別的懲戒權，係指對於違反義務的相對人，除課以一般的處罰外，亦可課以特別的懲戒罰。所謂不得提起行政訴訟，係指公務人員權利縱使受損，亦不能提起訴願及行政訴訟，頂多只能尋求行政體系內部的救濟。這五個特徵十足突顯國家的絕對權力，因而相對限制公務人員應有的權利空間。

其後，由於民主化與法治國的嚴格要求，認為公務人員的權利如受到公權力侵害時，亦應允許向司法機關提起救濟。懍於世界潮流趨勢，司法院歷年多次解釋，如第187號、第243號、第298號、第323號、第338號等解釋，均本此一意旨為之。傳統的特別權力關係遂被調整修正為公法上職務關係，或稱特別權利義務關係，或特別法律關係。此一關係理論的特徵有三：1.特別權力關係範圍變小；2.涉及基本權利限制者，亦應有法律依據；3.許可提起行政訴訟。（吳庚，1995：193；董保城，2011：281）

前揭所稱特別權力關係範圍變小，係指公務人員與國家兩造之間的關係，不再全部定位為特別權力關係，而是視其性質或重要性，將限制公務人員基本權利的事項排除，因而使得特別權力關係的範圍縮小。所謂涉及基本權利限制者，亦應有法律依據，指涉及公務人員基本權利之事項，如欲予以剝奪或限制，亦應遵循法律保留原則，以法律加以規範，不得逕自訂定管理規則予以剝奪或限制。所謂許可提起行政訴訟，係指涉及公務人員基本權利事項遭受

侵害時，公務人員如有不服，經訴願等前置程序後，即可向行政法院提起行政訴訟，以資救濟。因此可以說，公法上職務關係乃勵行民主化與法治國原則下，要求向「法的關係」前進的產物（吳庚，2012：199）。

　　我國公務人員的身分，以及隨之而來的權利義務內涵，也隨著民主化與法治國的浪潮而有重大的改變。此一改變的歷程，大致可分為四個階段：第一階段在民國73年前，由於受到傳統特別權力關係理論的支配，公務人員沒有保障救濟可言；第二階段自民國73年至85年間，在司法院釋字第187號解釋後，有關公務人員權利事項之救濟，逐漸鬆綁，可謂是特別權力關係理論之修正；第三階段自民國85年至92年間，因為公務人員保障暨培訓委員會的成立及公務人員保障法的公布施行，公務人員的權利保障已予制度化，這時強調的是公法上職務關係；第四階段是民國92年至今，配合訴願及行政訴訟新制的實施，既強化實體權利的保障，更縝密規範救濟程序，可謂是公法上職務關係的調整改進。（國家文官學院，2017：3-4-8）在這改變過程中，儘管公務人員身分的本質不變，但在程度上卻有很大的改變；而在職權、權利、義務與責任等方面，也相應配合而有不少改變。

　　據上，公務人員乃以一般公民為基礎，經由國家特別選任與進用，享有公資源，直接或間接代表國家執行公權力，或與公資源、公利益相關的事務；其僱主乃是國家，與國家的法律關係定位在公法上職務關係。此既與一般勞工與其企業僱主之間的私法僱傭關係有別，亦與一般勞工與國家之間僅有一般統治關係的情形不同。

　　總而言之，公務人員乃國家的僱員，是政府機器的組成分子。就現職屬性以觀，其與已退離人員有別；就職業類別以觀，其與一般企業勞工不同；就與國家的公法上職務關係以觀，在其職權範

圍，不但可以行使一定的公權力，必須承擔一定的義務，也享有一定的權利，同時更要負起相對應的責任。相較於社會其他從業人員，公務人員的確有其特殊性。

貳、公務人員的資格

資格（qualification），係指取得某種身分，擔任某種職務，或從事某種行為前，所應具備的門檻條件。資格不等於身分、職務或行為，但只有具備一定的資格，始能取得該身分、職務或從事該行為的入場門票。在法治國的潮流趨勢下，為昭公開、公平與公信之旨，不論是對公務人員、公私立學校教師或與公共利益、公共安全相關的專門職業及技術人員，均有日益明確及日趨嚴謹的資格要求。

在個別立法主義之下，不同的公務員法律所稱之公務人員資格，其實有許多不同的面貌，例如應考資格、任用資格、參加考績資格、休假資格、訓練進修資格、財產申報及信託資格、參加公教保險資格、參加公務人員協會資格、退休撫卹資格等。這些資格除應考資格是在源頭，屬公務體系之外，任用資格是指進入公務體系的門檻條件，其餘都在公務體系內部，且都以具備任用資格及身分為前提。職是，任用資格的重要性遠大於其他資格；一般所說的資格，如未特別界定，毋庸置疑，通常都指任用資格而言。

所謂任用資格，係指擔任公務人員時應具備的積極條件及不得具備的消極條件；不同公務人員所應具備的資格各有不同規定。由於我國憲法明定考試用人政策，故狹義公務人員均以考試及格為最基本的初任資格，此與專門職業及技術人員應以考試定其執業資格是一樣的道理；只是前者被政府機關所任用，後者可能自行執業或

受僱於民間企業而已。具有公務人員任用資格，不代表就能擔任公務人員，也不表示其現職就是公務人員。一般言之，任用資格加上機關職缺，然後按法定程序進行，且報到工作後才等於身分，具有現職公務人員的身分。不過因為我國當前採任用考試，而非資格考試，也就是採「考訓用合一，即考即訓用」的政策，如應公務人員考試錄取後，即依成績高低及志願依序分配用人機關實施訓練，經基礎訓練及實務訓練期滿成績及格者分發原機關試用，再經試用及格，始取得正式公務人員任用資格。職是，初任公務人員率皆是資格、身分、職務三者同時取得，社會大眾也因此並不特別區分資格、身分與職務三者之不同，總是混淆使用；然而三者其實明顯有別。

任用資格包括積極任用資格與消極任用資格二種。所稱積極任用資格，是指在任用上應具備一定的資格條件；消極任用資格則指在任用上一定不能有的限制條件。依公務人員任用法第9條第1項規定，公務人員之任用，應具有依法考試及格、依法銓敘合格或依法升等合格之一種，此乃積極任用資格。復依同法第28條第1項規定，如具有下列九款情事之一：1.未具或喪失中華民國國籍；2.具中華民國國籍兼具外國國籍；但其他法律另有規定者，不在此限；3.動員戡亂時期終止後，曾犯內亂罪、外患罪，經判刑確定或通緝有案尚未結案；4.曾服公務有貪污行為，經判刑確定或通緝有案尚未結案；5.犯前二款以外之罪，判處有期徒刑以上之刑確定，尚未執行或執行未畢；但受緩刑宣告者，不在此限；6.依法停止任用；7.褫奪公權尚未復權；8.經原住民特種考試及格，而未具或喪失原住民身分；9.受監護或輔助宣告，尚未撤銷；均不得任用為公務人員。此外，第27條規定已屆限齡退休人員，第22條規定其他機關現職人員，各機關亦均不得任用。又第26條規定各機關首長或各級長官對於配偶及三親等以內血親、姻親，應迴避任用。一般均認為這些規定，皆屬公

務人員任用的消極限制資格。

　　換言之，公務人員任用資格包括應具備的積極條件與不得具備的消極條件二者；必須二者兼顧，始能符合規定，擔任公務人員。惟積極任用資格僅三者有其一即可；不過對初任人員而言，仍以依法考試及格爲唯一取得方式。至於消極任用資格，則不論任用時或任職中，均不得具有前揭情事，否則即不得任用爲公務人員，依法應予免職、撤銷任用、辦理退休或資遣。

　　公務人員任用資格有無具備，雖係依法爲之，惟並非當事人，或任用機關，或那一個人說了算，而是由銓敍部依法予以銓敍審定，即銓定其資格與敍定其俸級。這也就是說公務人員在依法派代到職後，均應於三個月內，將足以證明其具備所任職務之證明文件，函送銓敍部予以審定；只有經銓敍部銓敍審定者，始承認其具備所任職務之任用資格。大致上積極資格取得後，除非法律有所變更，或被依法撤銷者外，乃永久有效；縱然離職一段時間，只要未達屆齡退休，他日仍可憑此一積極資格另覓相同職務重行再任。惟如具有消極資格，自不得擔任公務人員；必須在該消極資格之事實原因消滅後，乃能任職。

　　綜上所言，一般所稱的資格，乃指任用資格；如欲擔任公務人員，必以該人員已具備公務人員任用資格爲前提要件。在具備積極任用資格，且無消極限制資格之後，經有權機關提供符合其資格規定之適當職缺，復經一定程序，在報到任職後，始能成爲現職公務人員，具有公務人員身分。惟所謂資格有無之認定，並非當事人或用人機關自行認定，而是統一由銓敍部銓敍審定。

參、公務人員的身分

　　從大的國家社會角度觀之，每一個公務人員，因其生活面向的不同、法律關係的差異，分別具有國家的公民、國家的僱員、社會的個人等三種不同身分。（如圖2.1）茲分述如次：

（一）國家的公民

　　公務人員若撇開其工作的職務關係不談，既與從事其他工作的一般勞工無異，也與沒有工作的待業者、家庭主婦、各級學校學生一樣，都是國家的人民。此時國家與公務人員的法律關係是一般統治關係，這是國家基於行使主權的必要而實施的概括統治，效果普及於一國之內的所有人民。人民雖是個籠統模糊的概念，卻因具有國籍而與國家發生連結關係，成為該國的國民；因達到一定的條件，例如年滿二十歲，未被褫奪公權，而成為公民。人民、國民、公民的範圍大小及明確度固有不同，但均依法負有納稅、服兵役、受國民教育及守憲守法等四種義務，並依法享有平等權、自由權、參政權與受益權等四種權利。依此一身分所適用的法律，主要為憲法、刑法及行政法等公法法規，公務人員以國家公民的身分盡其義務、享其權利。

（二）國家的僱員

　　國民因具備特定的資格，經國家的特別選任行為而成為國家的公務人員，成為國家統治機器的組成分子之一；本其職務與職責，在法定職掌範圍內行使其職權，直接或間接代表國家執行公權力。因此可以說國家是公務人員的僱主，公務人員是國家的僱員。正因為公務人員執行職務時，係直接或間接代表國家、各級政府或公法人，掌有一定的公權力，動輒影響人民的權益甚巨，所以必須對公

務人員特別加以限制或約束，這就是國家與公務人員的特別權力關係。晚近國家與公務人員在職務行為上的法律關係雖已調整為公法上職務關係，強調重要權利的保障與救濟、權利與義務的平衡及法令規範的明確，不過在權利義務的內涵上仍只有量的變更，並無質的改變。依國家僱員之身分所適用的法律，主要有憲法、刑法、公務員法及其業務職掌相關的行政法。

（三）社會的個人

拋開公務人員職務的立場與國家公民的身分，公務人員也是社會的個人，享有私法上的權利，負有私法上的義務，公務人員以其人民的身分與其他人民相互往來、平等對待。原則上國家對於人民與人民之間的私權互動，係採取不涉入的態度，僅在雙方有爭執時，始站在第三者的仲裁立場平亭曲直，加以裁判。基於社會個人的身分，人與人之間的權利與義務是相對的，因雙方或多方互動而產生，有權利即有義務，有義務始有權利，權利與義務二者總是伴隨而至。除具有特定身分關係者，如父母子女、兄弟姐妹等原級關係不可改變者外，通常具有相對性、概括性與不確定性，在不違法前提下，其權利與義務全視雙方互動及約定而定。易言之，對於社會的個人，雖可歸納其私權利與私義務的種類，卻無法明確詳列其所有私權利與私義務的項目，公務人員站在社會的個人立場，主要適用民法及商事法規定。

以上三種不同的身分，構成公務人員三個不同的生活面向與法律關係；在這三種不同身分中，當然以國家的僱員身分最為重要。因為這是公務人員賴以維生的工作所在，也是公務人員與其他人民最主要的區別，更是人事制度的重點。一般所指公務人員的身分，乃指國家的僱員而言，並不包括其他二者。

　　所謂身分（identity），是指某一族群或工作者的認同標誌，以與其他人員區別。例如因取得某一國家的國籍，從而具有該國國民的身分。所稱公務人員身分，係指具有公務人員任用資格，經依法任用及銓敘審定合格之現職人員。（國家文官學院，2017：3-4-15）就公務人員的身分言之，主要是指現職、職業類別及與國家的法律關係。

　　現職，指的是目前所擔任的職務或從事的工作；如已無現職，其身分自失所附麗。職業類別，指公務人員是一個特殊行業，與一般勞工、農漁民、商人不同。與國家的法律關係，是指公務人員與國家之間具有特別的「公法上職務關係」，所以公務人員可以享有一些特別的權利，也應承擔特別的義務與責任。

　　公務人員身分，因具備一定的資格，加上適當的職缺，並依法定的程序進用，及報到任職後方能取得。資格，是指擔任公務人員應具備的積極條件及不得具備的消極條件，已如前述。職缺是指政府機關的某一職務，因無人佔據其職，故提供該職以進用適當人員遞補該職之謂。法定程序是指依考試分發、自行遴用或商調的方式，徵得權責機關及當事人同意後核布派職令，並通知於一定期間到任該職，開始履行職務。

　　公務人員經權責機關先派代理某一職務並到職後，依法須於三個月內填具擬任人員送審書表，連同相關證明文件送銓敘部銓敘審定。所謂銓敘，是指銓定其資格，敘定其俸級；經銓敘審定合格者，初任簡任各職等職務公務人員、初任薦任官等公務人員，由銓敘部呈請總統任命；初任委任官等公務人員，由銓敘部函送各主管機關任命之；此即一般所稱之「請簡、呈薦、委任」。這也就是說，公務人員任用的法定程序大致包括派代、送審、請任等三個程序；在完成此一程序後，始能成為正式的、合格的公務人員，具有

公務人員的身分。

一旦取得公務人員身分,即與國家發生一定的聯結關係,必須執行其職務,享有一定的權利,也受到公務員服務法等相關法律的規範,不論上班、下班或放假時間,也不論是否在留職停薪、停職或休職期間,均須恪守公務人員的義務。直至離卸其身分,就其與國家之關係做個了結與清算後,除特殊事由外,即能免於義務的承擔與責任的追究;當然其得以享受之權利,除另有規定者,如支領月退休金等情形外,也因而結束。身分之於公務人員,顯然至為重要。

身分取得後,在正常情況下一直都能維持或保有;不過也可能因為資格的消滅,或成就一定的條件而喪失其身分,例如因為放棄我國國籍而喪失我國國民的身分;公務人員因為離職的事實而當然喪失其國家僱員的身分。大致言之,公務人員因為辭職、資遣、退休、死亡撫卹、撤免職(包括免除職務、撤職、免職)等五種確定的、永久的、真正的離開職務,因而喪失公務人員的身分。一旦喪失公務人員的身分,其與國家的公法上職務關係亦隨之告終。

肆、公務人員的職務

職務(position),既是公部門經常聽聞的名詞,也是人事行政(personnel administration)經常出現與使用的概念。所謂職務,基本上是指組織分配給個人的工作與責任;也就是人員與工作的結合,具有個別性與專屬性。職務,既是組織的基礎,也是任用的開始,自有其無與倫比的重要性。

大致言之,佔據某一職務,即得行使組織法規賦予的法定職

掌。爲履行職掌事項之必要，而賦予一定之權力，此即所謂職權；爲督促其踐履職務，而課予其一定之義務與責任，此即所謂職責。因此，職掌、職權、職責可說是職務的三個不同面向。此外，佔據該職務之人，亦應本其所能，做好其職掌範圍內的事務，對組織有所貢獻，謂之職能。

依公務人員任用法第3條第3款規定，職務係指分配同一職稱人員所擔任之工作及責任。又該法第7條規定，各機關對組織法規所定之職務，應賦予一定範圍之工作項目、適當之工作量及明確之工作權責，並訂定職務說明書，以爲該職務人員工作指派及考核之依據。復依職務說明書訂定辦法第2條規定，職務說明書由各機關訂定之，應包括：職務編號、職稱、所在單位、官等職等、職系、工作項目、工作權責、所需知能等8項。可知職務係機關組織內部個人、工作與責任的結合，職務的內涵其實就是職務說明書明確列舉的8個項目；不同的職務有不同的工作及責任，沒有兩個職務的內容完全相同。職是，每一職務的職務編號均不相同。

職務與職稱（title）、職位（position）的意義雖然接近，但實質上有所不同。職稱是職務上名號的尊稱或官銜的稱號，具有尊嚴性、權威性，（李華民，1993：159）且有一定的職務內容，也代表一定的地位與權勢。在同一機關，除首長與幕僚長外，相同的職稱可能有兩人以上，例如司長、專門委員、科長、專員、科員、辦事員等，然而其承辦業務卻又不同；這也就是說，職稱的使用範圍較爲廣泛，職稱相同者，職務內容亦可能不同，當然各機關賦予的職務編號也就不同。職位偏向工作面，是公務職位分類的產物，因民國76年1月16日兩制合一之新人事制度的實施，已成爲歷史名詞。職位與職務之英文譯名雖同，其意義也有相近之處，但兩者終究有別。大致言之，職位係包括工作與責任的組成，屬於組織工作中的

位置，基本上不考慮人的因素；此一職位由有權機關分配及賦予，可能是永久性的，也可能是臨時性的，目前可能有人在位，也可能暫時懸缺。職務則包括人員、工作與責任三者的結合，意義較為完整，是目前普遍使用的語詞。質言之，職位是對事不對人，而以職責事實為主；職稱是官銜上使用之名號；職務則是人與事兼顧，乃人員與工作及責任的結合，但以人為主體。（李華民，1993：159）三者雖然意義相近、關係密切，惟細究其實，終究不能劃上等號。

職務與身分不同，身分指大的類別，偏於法律面，具有群聚性與標誌性；職務指個別的工作，偏於執行面，具有獨特性與差異性。（如表2.1）然而職務與身分的關係又密不可分，在正常情況下，有身分必有職務，有職務必有身分，只有在極少數的情況，如休職、停職、留職停薪期間，雖仍保有公務人員的身分，但職務則暫時失去。而在冗長的數十年職涯中，公務人員的身分始終維持不變，但其職務則會因升任、平調等情況而不斷的調整改變。

承上所言，職務是當前機關組織中的最小構成單位與次級系統，也是人事行政的任用（appointment）基礎。各機關根據職務的工作性質、工作項目、工作量與工作權責等因素，設定擔任該職務人員所需的資格與條件，然後進用合適的人員擔任此一職務。也因為組織內各種不同職務的結合，組織的正式結構因以形成，正式溝通管道因以建立。顯然的，從組織面觀之，職務雖然不大，卻極為重要。

當然，職務應經設定與安排，而這設定與安排並非隨便的、散漫的，而是規則性的，事先已做好規劃的設計與安排。設計的主要途徑，一是橫的安排，另一是縱的安排。所謂縱的安排，就是層級高低不同，但工作性質相同或類似的許多職務相互關係的安排。所謂橫的安排，就是層級相同，職責相當，但工作性質不同之職務的

安排。以公務機關組織論之，縱的安排就是職系與職組，依民國100年10月考試院修正發布之職組暨職系名稱一覽表規定，全國政府機關的所有職務均統歸在96個職系（行政類分設45個職系，技術類分設51個職系），並歸納為43個職組；橫的安排就是職等與官等，目前計分14個職等，以第一職等為最低，第十四職等為最高，這14個職等又分別列入3個官等，即第一職等至第五職等為委任官等，第六職等至第九職等為薦任官等，第十職等至第十四職等為簡任官等。

　　職務，既然是組織中人員與工作、責任的結合，且因其性質與程度之不同，在縱斷面分別隸屬於不同的職系與職組，在橫斷面分別列入不同的職等與官等。顯然的，職務不同，功能與重要性也就有所不同；易言之，其背後代表的意義即有不同。職務到底具有什麼意義呢？謹分述如下：

（一）地　位

　　地位，乃一般所稱官位的大小高低；不同的職務分別列入不同的職等與官等，因為職等與官等不同，代表其佔據的地位不同。如以台北市政府消防局比照簡任第十三職等局長與台東縣政府消防局簡任第十一職等局長相較，儘管「局長」之職稱二者均同，職掌事項亦相去無幾，但其地位顯然不同，職務的重要性因此有所不同。

（二）酬　勞

　　酬勞，係指付出一定的辛勞後，可以相對獲得的報酬。不同的職務，可以獲得的薪俸及其他法定加給自有不同。雖然在現行講求形式平等的俸給制度中，相當的職等、相同的工作性質或同一個工作地域，俸給待遇大致相當，但因個人年資久暫、考績結果等因素，仍略有差別。通常職務愈高、愈專業、愈有風險性、所負責任

愈繁重，獲得的酬勞也就愈多，反之亦然；職務的意義十足反應在酬勞之上。

（三）權　勢

每個職務，因工作內涵與接觸對象不同，其擁有的職權，或多或少都不相同，只要在其權限範圍內正當行使，都是法律所允許的。所謂權力、權威、權勢，皆因佔有某一職務而發生；而「不怕官，只怕管」的說法，亦因該一職務是否擁有「管到某人」的職權，明顯有別。顯然的，機關首長擁有的權勢較多，可以運用的資源也就相對的增加；單位主管擁有的權勢次之；而幕僚人員與業務承辦人員較少。不過實務上，不同職務的權勢大小，往往視首長的信任與授權而定，亦視其職務的內涵而異。

（四）名　聲

名聲，亦稱聲譽，一個人的名聲如何，並非存在於一己的宣揚，而是存在於別人的評價與看法之中。不同職務，往往因個人的知名度、一般大眾的認知，而有不同的評價。有的職務既有實權，復有很好的名聲，如部會首長；有的職務雖然崇高，享有好名聲，實權卻不大，如大法官、考試委員。無可置疑的，名聲的高低亦是職務的重要意義之一。

（五）人際關係

職務不同，處理的業務即有不同，接觸的對象也有不同。有的職務經常接觸民意代表，如各機關的國會聯絡人員；有的職務接觸對象是一般社會大眾，如戶政事務所的戶籍人員；有的職務很少接觸別人，經常接觸的是人以外的事物，例如：自然科學研究單位的

研究人員、動物園的獸醫、林務局的巡山員皆是。因為接觸對象的不同，個人基於業務關係所能建立的人際關係也就不同。

從上所述，可知每一個職務的背後，至少說明該職務擁有的地位、酬勞、權勢、名聲與人際關係有所不同。前兩者有具體的衡量指標，容易形成共識，可說是職務的實質意義。後三者較為抽象，不易有客觀的衡量標準，可說是職務的象徵意義。由前述說明得知，職務與職稱、職位的概念雖然近似，其實仍有不同；職務雖然經常與身分連結出現，但兩者實為不同的事物，不能不予區別。

伍、公務人員的範圍

前言之，在學術上公務人員的意義見仁見智，在法律上公務人員的意義亦廣狹有別。從最廣義的國家賠償法與刑法規定，迄最狹義的公務人員任用法施行細則規定，其差別實不可以道里計。若依國家賠償法規定觀之，公務員之範圍不僅涵蓋所有國家直接或間接進用的人員，也包括國家依法委託（付託）的人員；亦非僅指一般文職公務人員而已，也將軍人、公立學校教師、公營事業人員包括在內。

不過若依一般觀念視之，所謂公務人員通常僅指由國家直接或間接進用，支領一定薪俸，直接或間接代表國家執行公權力，或與公資源、公利益相關事務的人員；這顯然已將僅執行國家委託任務，而不支領薪俸者排除在外。易言之，一般所指的公務員係指軍公教人員，包括文職人員、軍人、公立學校教師、公營事業人員在內，全國總數約在91萬餘人之譜（許南雄，2013：54）。如僅論依法進用的公務人員人數，截至民國105年底，共有34萬7572人。（如表2.2）（銓敘部，2017：1）

　　政府機關文職人員，包括民選首長、政務人員、狹義公務人員、約聘僱人員、其他臨時人員、技工工友、民意代表等；如依其進用方式與職務性質加以區分，大致可分為民選公職人員、政務人員、狹義公務人員、輔助人員等4類。（如圖2.2）其中民選首長與民意代表屬民選公職人員，係經由人民選舉產生，人數雖少，卻是民主制度下的代表人物；但後者職責不在執行公務，而是審議法案與監督政府施政，兩者雖併稱民選公職人員，也屬最廣義的公務員範圍，但一般皆不認為是公務員。政務人員指政治任命人員，乃委任產生，即由民選首長逕自任命，或提名經民意機關同意後任命之；通常又分為政務官與準政務官2種。政務官是為政策負責，隨選舉成敗或政黨更迭而隨時進退的高級公務員；準政務官是有任期保障，且依法獨立行使職權，但共同作成決策的高級公務員。

　　至於約聘僱人員、駕駛、駐衛警、技工工友與其他臨時人員等，均非組織編制內正式人員，一般均以輔助人員、廣義臨時人員、非常任人員或非典型人力視之；不過約聘僱人員、職務代理人所從事之工作屬職員層次，技工工友乃服務人員，其工作屬勞力層次。一般所稱之約聘人員，即聘用人員，指各機關以契約定期聘用之專業或技術人員，與國家之間具有公法上契約關係。約僱人員，即僱用人員，與技工工友、其他臨時人員等，因僅有行政命令規定，與服務機關之間僅成立私法僱傭關係。（如圖2.3）

　　狹義公務人員，乃以依法考試及格而正式任用之公務人員為主，旁及派用人員、聘任人員與機要人員。聘任人員僅學術研究機關、科學機關、訓練機關、社會教育及文化機關有之，且須於組織法中明定，其員額數甚少，亦不列官等、職等，不用科員、專員、秘書與專門委員之職稱，而另置研究員、副研究員等職稱；惟有關其進用、服務與退撫事項，大致參照教育人員規定辦理。派用人員

僅以臨時機關或有期限之臨時專任職務為限，且應於組織法中規定或列入預算。惟派用人員派用條例已於104年6月廢止，目前派用人員將於過渡期間屆滿後，依法辦理退休資遣，或改任換敘為一般公務人員。機要人員係指各機關辦理機要職務之人員，隨機關長官到職，亦隨同離職；但機關長官仍得隨時將其免職。其進用法源為公務人員任用法，但主要依據是各機關機要人員進用辦法。依該辦法規定，中央一級、二級機關、安全機關、直轄市政府、縣（市）政府得進用之機要人員員額不得超過5人，總統府及行政院最多分別不得超過18人及10人，其他機關原則不得超過2人。上揭這三種人員雖非考試及格依法任用，但均佔有法定編制員額，且如符合法定資格條件，亦可依法辦理退休，一般均以正式公務人員看待。

狹義公務人員依其適用法律及銓審單位為標準，又可分為一般公務人員與特種公務人員兩類。一般公務人員指行政職人員，乃直接適用公務人員任用法規定，由銓敘部銓審司銓敘審定之公務人員。特種公務人員指適用特種人事法律規定，而由銓敘部特審司銓敘審定之公務人員，包括司法、外交、主計、審計、警察、關務、政風、交通事業、醫事等九種人員。其任用法源雖在公務人員任用法，但因另有特別的人事法律規定，基於「特別法優於普通法」之法理，自應優先適用各該特種法律之規定。

上開司法人員乃指依法官法任用之法官與檢察官，以及依司法人員人事條例所任用之各級法院、檢察署書記官、司法事務官、公證人、觀護人、法醫師、法警、通譯等人員。外交人員乃指依駐外外交領事人員任用條例規定，所任用之派駐國外機構之人員。主計人員乃指依主計機構人員設置管理條例規定，在各級政府機關（構）、公立學校、公營事業機構內掌理歲計、會計、統計業務之人員。審計人員乃依審計人員任用條例規定，在審計機關辦理審計

業務之人員。警察人員乃依警察人員人事條例規定，在警察、消防、海巡機關任職，而具有警察官等、官階及職稱之人員。關務人員是指依關務人員人事條例規定，在關務機關任職，而具有關務官稱、官階及職務之人員。政風人員係指依政風機構人員設置管理條例規定，在中央與地方機關及公營事業機構，掌理政風業務之人員。所謂交通事業人員，是指隸屬於交通部之事業機構，而依交通事業人員任用條例進用之從業人員。所謂醫事人員，係依醫事人員人事條例規定，指依法領有專門職業證書之醫師、中醫師、牙醫師、藥師、醫事檢驗師、護理師、助產師、營養師、物理治療師、職能治療師、醫事放射師、臨床心理師、諮商心理師、呼吸治療師、藥劑生、醫事檢驗生、護士、助產士、物理治療生、職能治療生、醫事放射士等21個職稱，以及其他經中央衛生主管機關核發醫事專門職業證書，並擔任公立醫療機構、政府機關或公立學校組織法規所定醫事職務之人員。這九種人員均屬具有特別任用規定之常任公務人員，如其特種人事法律未規定之處，仍回歸適用公務人員任用法規定。

綜上述之，公務人員的範圍大小與其定義廣狹密切相關，在個別立法主義之下，其定義寬廣時範圍就放大，否則就小。照一般說法，主要有兩種認定範圍，一以軍公教人員為範圍，一以政府機關文職人員為範圍。兩種範圍明顯不同，但均以狹義公務人員為核心。

圖2.1 公務員的不同身分

表2.1 身分與職務的區別

比較基準	身分	職務
範圍	大的類別	個別的工作
領域	包括職業與親屬	僅指職場工作
性質	群聚性、標誌性	獨特性、差異性
內涵	偏於法律面	偏於執行面

表2.2 最近五年公務人員總數　　　　　　單位：人

年別	總計		行政機關	公營事業機構	衛生醫療機構	公立學校（職員）
	人數	與上年比較（%）				
101年底	343,861	0.16	228,913	69,137	19,676	26,135
102年底	346,059	0.64	231,317	68,346	19,692	26,704
103年底	347,816	0.51	233,951	66,576	20,289	27,000
104年底	347,552	-0.08	234,517	65,814	20,081	27,140
105年底	347,572	0.01	235,591	64,972	19,852	27,157

資料來源：銓敘部，2017：1

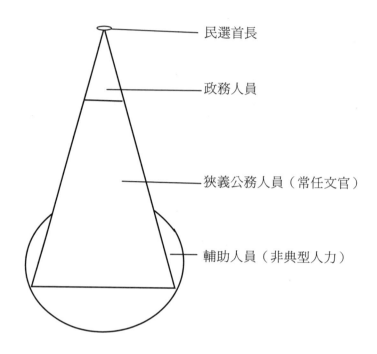

圖2.2　政府機關公務員的分布

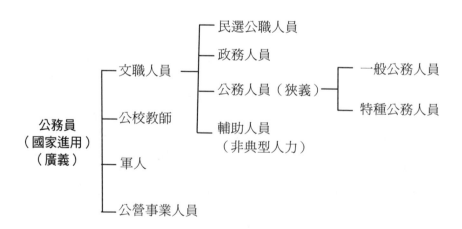

圖2.3　公務人員的分類

第三章

公務人員職權

　　前言之，職務乃組織分配給個人的工作與責任，乃人員、工作與責任三者的結合。在正常情況下，佔據某一職務，該人即得行使組織法規所賦予的法定職掌。為履行職掌事項之必要，而賦予一定之公權力，此即所謂職權；本於職權，發揮其應有之功能與作用，謂之職能；為督促其踐履職務而課予其一定之義務與責任，此即所謂職責。因此，職掌、職權、職責、職能可說是職務的四個不同面向。（如圖3.1）

壹、公務人員的職掌事項

　　所謂職掌，最簡單的定義，就是政府機關組織或個人，本於權責或職務所掌管的事情。基本言之，職掌是正式的、靜態的，依法律規定而來的，與機關權限或個人職務有關的。職掌事項來自於組織法規的分工與層級設計，但組織法規通常以掌理或職權的方式規範之。公務人員的行為準繩，也是首要義務，就是依法行政，依法的第一步就是依組織法規所定的職掌事項為之，如屬職掌事項，即有權去做，也應去做；如非屬其職掌事項，即無權去做，否則即有越權之虞，其行政行為可能淪為無效。古人所謂：「不在其位，不

謀其政」，正可說明職掌規定的重要。

　　大體上，職掌可分為組織、內部單位與個人三個層次言之，關於組織的職掌事項，係以組織法規予以明定。依中央行政機關組織基準法第4條規定，一級機關、二級機關、三級機關及獨立機關之組織，以法律定之；其餘機關之組織以命令定之。第5條規定，機關組織以法律定之者，其組織法律定名為法；但業務相同而轄區不同，或權限相同而管轄事務不同之機關，其共同適用之組織法律定名為通則。機關組織以命令定之者，其組織命令定名為規程；但業務相同而轄區不同，或權限相同而管轄事務不同之機關，其共同適用之組織命令定名為準則。另同法第7條規定，機關組織法規應規定之內容事項之一，即是機關權限及職掌。可知各機關的職掌事項應以組織法規明定，以為執行職務之準據。

　　同法第18條又規定，一級機關、二級機關首長列政務職務、三級機關首長除性質特殊，且法律有規定得列政務職務外，其餘應為常務職務；四級機關首長均列常任職務。一級機關置副首長一人，列政務職務；二級機關得置副首長一人至三人，其中一人列常任職務，其餘列政務職務；三級機關以下得置副首長一人或二人，均列常任職務。此處所稱常任職務，即為狹義公務人員。

　　一般言之，機關組織係因任務需要或政策考量而設置，其設計順序則由上而下，本於其任務而以組織法規賦予一定的權限，此即該機關正式的、法定的職掌。如法有明文，即表示該機關有權去做，也應該去做；否則，即無權辦理；此即所稱「管轄法定主義」。當然，上級機關本於權責，得對隸屬機關行使指揮監督權；而兩機關之間如有管轄權的爭議，即職權上有所競合時，不論積極的爭權或消極的推諉，原則上依行政程序法規定辦理，即以先行管轄為主，也就是由受理在先之機關管轄；其次是協議管轄，在不能

分別受理之先後者，由各該機關協議定之；再次是指定管轄，如協議不成，則由共同上級機關指定管轄；如無共同上級機關，則由各該上級機關協議定之。

　　為進一步就組織及其職掌事項明確具體規範，中央行政機關組織基準法除明定機關內部單位之分類、層級及名稱外，第8條復規定，機關組織以法律制定者，其內部單位之分工職掌，以處務規程定之；機關組織以命令定之者，其內部單位之分工職掌，以辦事細則定之。又各機關為分層負責，逐級授權之需要，亦得就授權範圍訂定分層負責明細表。可知為免內部單位分工不清、權責混淆，組織基準法業已授權各機關自訂命令，規範其內部單位之職掌事項。

　　至於個人的職掌事項，主要是依各機關就不同職務所訂定之職務說明書或工作說明書內容而定。依銓敘部發布之職務說明書訂定辦法規定，職務說明書由各機關自行訂定；職務說明書之內容應包括各該職務之職務編號、職稱、所在單位、官等職等、職系、工作項目、工作權責與所需知能等八項。原則上一職務應訂定一職務說明書，由現職人員據實填寫後，連同職務歸系表，層報機關首長，核送歸系機關或受委任歸系機機關核定。如同一單位內同一職稱，其所任工作項目、職責程度及所需資格條件均屬相同之各職務，得由人事單位統一訂定共同職務說明書，並分別載明每一職務之編號。在職務說明書訂定後，原有工作項目或職責程度有所異動時，亦應依規定予以修正報核。

　　要而言之，公務人員的職掌事項，就機關層級而言，主要源自組織法規，絕大多數來自組織法或組織通則的規定，惟少部分尚未法制化的機關，可能來自於作用法的規定；就單位層級而言，則來自於處務規程或辦事細則的規定；就個人層級而言，則來自於分層負責明細表與職務說明書的規定。關於職掌事項雖是靜態的，不起

眼的，必待人員行使而起作用，但如上所述，卻是基本的、法定的、正式的，最重要的規定，必待組織權責與職掌確定後始有職務設置可言，也才能進用人員，推展機關的業務。職掌之重要性，不言已喻。

貳、公務人員的職權內容

承前所言，職權是職務上賦予的權力，本質上屬於政府機關公權力的一部分，透過公務人員的行使，可以強制或約束相對客體一定作為或不作為。基本言之，個人的職權是本於職務而來，因職掌事項的規定而擁有，並據以行使。不論任何政府機關，其業務推展的過程必然牽涉公權力、公利益與公資源，只是比重有所不同而已。例如警察機關的公權力既明顯，所涉公利益亦大；至於圖書館與博物館，公權力很低，但所涉公利益與公資源一樣不小。公務人員的職權行使，乃在機關長官或上級機關的指揮與監督下，直接代表機關執行，間接代表國家行使；其法律效果則歸屬於機關。

就職權的內涵觀之，其要素包括：行政職務、行政行為、行政權力、行政責任、行政授權、行政裁量與行政監督等七項。（張家洋等，1992：400）這七者各有其重要性，其中權力的要素最為明顯。這也就是說，政府機關的職權，所呈現出來的外觀是權力，是讓相對客體不得不忍受、服從與執行的力量；但如就其形式而言，主要是透過各種行政行為表現出來。行政行為的種類十分多元複雜，但行政程序法所定直接面對人民的行政行為，不外行政處分、行政契約、行政指導、陳情處理、行政執行。此外訂定法規命令、行政規則與確定行政計畫，雖不直接具體針對人民，但亦屬政府機關職權的一部分。而事實行為，也是政府機關本於職權，經常實施

的作為，只是不發生法律效果而已。這八種職權上的作為，均有其重要性。（如表3.1）茲扼要說明如次。

（一）作成行政處分

所謂行政處分，依行政程序法第92條規定，係指行政機關就公法上具體事件所為之決定或其他公權力措施，而對外直接發生法律效果之單方行政行為。相對人雖非特定，而依一般性特徵可得確定其範圍者，為一般處分；有關公物之設定、變更、廢止或一般使用者，亦均適用行政處分之規定。除法規另有要式規定者外，行政處分得以書面、言詞或其他方式為之。行政機關作成行政處分時，如有裁量權，或法律有明文規定時，得為附期限、條件、負擔、保留廢止權、保留負擔之事後附加或變更等5種附款。基本上必須合法有效的行政處分，始對人民發生效力。

至違法行政處分，包括無效行政處分與有瑕疵行政處分兩種情形。無效行政處分自始不生效力，有瑕疵行政處分，可經由程序補正，成為合法行政處分；亦可經由轉換程序，轉換為具有相同實質及程序要件之其他行政處分。如未能補正或轉換，行政機關原則上得依職權為全部或一部之撤銷，但應於知有撤銷原因時起二年內為之。經撤銷後該處分溯及既往失其效力，但有法定情事者，亦得另定失其效力之日期。

（二）締結行政契約

行政契約分為和解契約與雙務契約兩種。和解契約，係指行政機關為有效達成行政目的，與人民和解，以代替行政處分之契約。雙務契約，係指行政機關與人民互負給付義務之契約。締結行政契約，原則上應以書面為之；行政機關為防止或除去對公益之重大危

害，得於必要範圍內調整契約內容或終止契約。

（三）實施行政指導

行政指導，乃謂行政機關在其職權或所掌事務範圍內，爲實現一定之行政目的，以輔導、協助、公告、建議或其他不具法律上強制力之方法，促請特定人爲一定作爲或不作爲之行爲。實施行政指導時，應明示行政指導之目的、內容及負責指導者等事項，並應注意有關法規規定之目的，不得濫用。

（四）處理陳情事件

人民對於行政興革之建議、行政法令之查詢、行政違失之舉發或行政上權益之維護，得以書面或言詞向主管機關陳情。行政機關對於人民之陳情，應指派人員迅速確實處理，謂之陳情處理。

（五）強制行政執行

行政執行，即行政上的強制執行，是指行政機關爲達行政目的，施加實力於人民，使其實現行政上的必要狀態。依一般通說，行政執行分爲直接強制、間接強制、即時強制與金錢給付義務之強制等四種型態。

所謂直接強制，指行政機關直接使用強制力量於義務人及其財產之上，以達成行政目的的措施。依行政執行法第32條規定，如經間接強制不能達成執行目的，或因情況急迫，如不及時執行，顯難達成執行目的時，執行機關得依直接強制方法執行之。依同法第28條第2項規定，直接強制方法有5種，即：1.扣留、收取交付、解除占有、處置、使用或限制使用動產、不動產；2.進入、封閉、拆除住

宅、建築物或其他處所；3.收繳、註銷證照；4.斷絕營業所必須之自來水、電力或其他能源；5.其他以實力直接實現與履行義務同一內容狀態之方法。所謂間接強制，係指行政機關對於負有作為或不作為義務之客體，於其不履行義務時，處以代執行，而向其徵收費用，或科以金錢之負擔，而促其履行義務之謂，又包括代執行與執行罰兩種情形。例如：命拆除大隊拆除違章建築後向義務人徵收費用，即屬之。所謂即時強制，乃指為阻止犯罪、危害之發生，或避免急迫之危險，行政機關即時予以強制措施的必要作為。包括對人之管束，對物之扣留、使用、處置或限制其使用，對住宅、建築物或其他處所之侵入，其他依法定職權所為之必要處置等四種情形，例如對於酗酒泥醉或意圖自殺者之管束；又如颱風來臨前，強制住在低窪地區之民眾撤離，即是。所謂公法上金錢給付義務之強制，係指義務人負有公法上之金錢給付義務，如欠繳稅款或罰款，行政機關得移送行政執行署各分署強制予以收取之謂。

（六）處理事實行為

　　事實行為即行政事實行為的簡稱，也就是行政機關改變實際狀況的作為，但對當事人的權利義務不發生得喪變更的影響。乃僅產生事實效果，而不發生法律效果之行為，包括執行性、通知性、協商性與其他建設、維持之行為。如人事單位舉辦訓練講習、會計單位審核帳冊、女警協助學童穿越馬路等均屬之。

（七）訂定行政命令

　　行政命令包括法規命令與行政規則；法規命令，係指行政機關基於法律授權，對多數不特定人，就一般事項所作抽象之對外發生法律效果的規定。行政規則，係指上級機關對下級機關，或長官對屬官，本於權限，所為非直接對外發生法規範效力之一般、抽象規

定。法規命令與行政規則之主要區別，一在有無法律授權，二在是否對外發生效力。

（八）確定行政計畫

行政計畫，係指行政機關爲將來一定期限內達成特定目的，或實現一定構想，事前就達成該目的或實現該構想有關之方法步驟或措施等，所爲之設計與規劃。

上述職權的行使，原則上雖以機關名義爲之，其實是由公務人員據以執行。公務人員基於職務，本於職掌，在上級長官之指揮與監督下予以處理。其中行政執行與不利益的行政處分（包括行政處罰）二者，對人民限制與約束最多，甚至讓人民承受痛苦，最讓人民有感政府公權力的存在；而給予利益的行政處分通常較少，且泰半需人民提出申請；行政契約的締結，亦需得到人民的同意，人民感受到的公權力稍微小些；至於行政指導、陳情處理與其他事實行爲，雖亦針對特定具體對象，但並不直接發生法律效力，幾無公權力可言，但仍是職權；而法規命令、行政規則與行政計畫三者雖泛及於一般人民，惟非針對具體特定對象，所以人民可能對其公權力無感，但其實這才是政府機關更大的職權所在。

要之，職權源自於職掌，立基於機關與職務，其本質是公權力，雖以機關名義爲之，其實是由公務人員據以執行。正因他具有權力，所以必須忍受與服從，也可能會讓人民有不愉快、不舒服的感覺。

參、公務人員的職能作用

　　前言之，職能是指機關或人員發揮其應有的功能與作用。職能與職權二者俱屬職務的動態面。不過職權較偏權力，職能則偏能力；而職權除個人行使者外，主要指涉機關，但職能僅屬於個人。基本言之，公務人員的職能係以資格認定之，即以分類科、分等級之考試，考其專業知能程度，定其初任之資格，並歸位於一定之職組、職系與官等、職等之中。嗣後再依其參加晉升官等考試或訓練及格之資格，決定其能否取得晉升高一官等之任用資格；或依其資績（考績及年資）因素，決定其能否取得高一職等之任用資格。至於在各職組、職系間的調任，主要是經由考試、學歷與訓練的管道而取得。

　　惟以考試定其任用資格，只是最低的門檻標準，也只能測其專業知能程度，明顯有所不足。故公務人員考試法85年1月修正公布後，即於初任考試錄取後，復要求應經一定期間之訓練，及格後始算完成考試程序，方能取得考試及格資格，得以擔任公務人員。依公務人員考試錄取人員訓練辦法規定，此一訓練分為基礎訓練與實務訓練兩個階段，基礎訓練以充實初任公務人員應具備之基本觀念、品德操守、服務態度及行政程序與技術為重點。實務訓練以增進有關工作所需知能，及考核品德操守、服務態度為重點。藉由此一訓練機制，用以彌補考試取才之不足。

　　傳統認為經由考試及訓練程序取得考試及格資格，並經任用後，即已具備該一職務所要求之知識與能力。就理論言之，他應能勝任該一職務才是；但就實務以觀，顯然不盡如此。舉目所見，部分機關內部總是充斥一些無法勝任其職的無效人力，這說明考試錄取後的訓練仍有不足與落差，也顯示在職訓練的重要。

　　公務人員的職能，大致可分為專業知能、一般知能與品德操守等三大構面。所謂專業知能，是指此一職務在工作上所需的特別知識與能力，例如飛航塔台管制人員、航空測量人員，若無這方面專業知識能力，即不能勝任其職之意。所謂一般知能，是指所有職務或某一類別或層級的職務，應具有的知識與能力，例如草擬計畫、溝通協調、撰寫公文、簡報說明、電腦處理能力即是。所謂品德操守，是一極為廣泛的概念，最常被提及的德目主要有忠、誠、勤、廉、正、和等，我國古代官箴特別強調「清、慎、勤」三者，英國文官守則重視「默、隱、忍、順」四者，考試院則以「廉正、忠誠、專業、效能、關懷」五者為公務人員核心價值。公務人員若專業知能不足，最容易形成無效人力，不過因為考試與任用緊密結合的緣故，絕大多數公務人員的專業知能應還可以；會產生問題的多半是一般知能的不足，例如因心態上過度本位或自私，溝通協調能力嚴重不足，導致與其他同仁相處形同水火，因而在人際相處或團隊事務上經常陷入困境；至於因品德操守不佳，特別是因涉嫌貪污而東窗事發、身陷囹圄者，更是時有所聞。

　　公務人員的專業知能，往往因其職務之特殊性、個別性，而有很大的差別；然而在一般知能與品德操守方面，則不應有明顯差別。就一般知能言之，不論上述何種知能，其核心不外聽、說、寫、做與判斷的能力；行政院人事行政總處前於民國99年5月訂定「中央與地方各機關加強公務人員政策溝通與宣導能力、執行力、應變力實施計畫」，曾以溝通力、執行力與應變力等三力，做為公務人員最需加強訓練的一般知能，自有其見地。就品德表現而言，最應強調的是清廉與便民的認知及態度，如廉者不貪不取、保密者不對外說即是。

　　據上，職能主要是指涉公務人員的能力面，雖以資格做為認定

其初步是否有此能力的準據，然而資格不等於能力。公務人員任職後，本於其學歷、考試、訓練之既有基礎，仍必須隨時繼續充實其專業知能與一般知能，也必須砥礪其品德操守，方能成為一個稱職的公務人員。（如圖3.2）

肆、公務人員的職責範圍

　　民主發展的目標是善治（good governance），而善治的達成則有賴於官僚體系的課責。（仉桂美，2017：3）職是，公務人員的職責或責任的承擔與追究，至關重要。所謂職責，指職務或工作上連帶而來應負的責任。公務人員的職責，乃因其違反職務上的義務而須承擔的後果，雖因執行職務的違法、疏失或懈怠而發生，但因職務與公務人員身分的不可分割性，故如只違反身分上的義務，而與職務無關者，例如出入特種營業場所、兼業或兼任法規不許之其他職務、上班時間未請假而參加政黨活動等，基本上也屬職責範圍。不過也有人認為與職務有關的責任，方是職責；如與職務無關者，不管是以公務人員身分或一般人民身分的違反義務行為，雖可說是責任，但不能說是職責。顯然的，就後者以觀，職責的範圍較小，只是責任的一部分而已。

　　公務人員的職責既源於職務，且因違反義務而生，故職責即可分為生責、課責與究責三個層次或階段；首先觀其有無此一職責，再問其是否盡其應盡的職責，如未做到，則追究其應承擔的責任。就有無法律規定及效力強弱而言，職責可分為法律責任與倫理道德責任兩種；法律責任復可分為行政責任、刑事責任、國家賠償責任與民事責任四者；行政責任又可進一步區分為懲戒責任與懲處責任兩大責任，以及依其他法律規定而來的行政責任。爰說明如下：

（一）懲戒責任

公務人員因故意或過失而違法、廢弛職務或其他失職行為，以致違反行政法上之義務，即應負懲戒責任。依公務員懲戒法規定，應由懲戒機關予以懲戒處分。懲戒權的行使，係採不告不理原則，原則上應由監察院移送，但對於第九職等以下公務人員，得由各院部會長官逕行移送。公務員懲戒委員會審議後，如認該公務人員確有違法失職行為時，即得課予免除職務、撤職、休職、剝奪（減少）退休（職、伍）金、降級、減俸、罰款、記過、申誡等九種懲戒處分。

（二）懲處責任

公務人員於有功過表現時，各機關即可依公務人員考績法規定，辦理其平時考核及專案考績，包括正面的獎勵與負面的懲處。其中負面的懲處，乃公務人員應負的懲處責任，分為專案考績的一次記二大過，平時考核的記一大過、記過、申誡等四種不同程度的懲處；年度內功過可以互相抵銷，如果累積達二大過者，年終考績應考列丁等。專案考績一次記二大過，與年終考績或另予考績考列丁等者，均生免職效果。公務人員如經主管機關移送懲戒，並經公務員懲戒委員會懲戒處分確定，除不受懲戒或免議者外，其原懲處處分失其效力。

（三）刑事責任

公務人員觸犯刑法所定與職務有關之罪時，依據瀆職罪等規定，所課予之刑事罰，即公務人員的刑事責任。刑事責任的發生，依據罪刑法定主義，應以行為時法律有明文規定者為限。如專屬於公務人員身分的行為，可稱為「職務犯」或「身分犯」；若係一般人民亦可構成的罪，但對具有公務人員身分者加重其刑罰者，則稱

爲「準職務犯」或「加重犯」。至於公務人員以私人身分所犯與職務無關之罪者，應由其以私人資格擔負刑責，則非屬公務人員之刑事責任。

（四）國家賠償求償責任

公務人員於執行職務行使公權力時，因故意或過失不法侵害人民自由或權利；或因怠於執行職務，致人民自由或權利遭受損害者，依國家賠償法規定，國家應負損害賠償責任；惟如公務人員有故意或重大過失時，賠償義務機關對該公務人員有求償權。由此可知，公務人員因故意或重大過失侵害人民權益，致使國家擔負賠償責任時，仍須間接負擔賠償責任。

（五）民事責任

公務人員於執行職務時，因故意或過失而侵害他人法益，致使國家之利益或第三人權利遭受損害者，即應負民事上損害賠償的責任。惟如因過失所致者，以被害人不能依他項方法受賠償時爲限，始負其責任；此即公務人員的民事責任。至如被害人得依法律上之救濟方法除去損害，而因故意或過失不爲之者，公務人員不負賠償責任。職是，如能依國家賠償法等其他法律請求賠償時，即不能依民法規定請求賠償；公務人員民事責任顯已大幅被限縮。

（六）其他法律責任

公務人員因違反義務而承擔不同之法律責任，基本上不同法律性質之處罰，並無所謂一事二罰問題，例如一名警察因酒後駕車撞傷行人，除面臨刑事上的加重處罰、行政上的交通違規罰鍰或吊銷駕駛執照，以及民事上賠償路人之傷害與慰助外，亦將遭受主管機

關移送懲戒，或核予記一大過、記過等懲處，甚至予以調離原職或列入關懷輔導對象等不利益的管理措施。也就是說，在一般的懲戒、懲處、刑事、國家賠償求償與民事責任追究外，公務人員尚有其他應負的責任。這些責任如影響公務人員權益較大者，通常以法律規定，例如違反公職人員申報及信託財產規定的罰鍰，即以公職人員財產申報法明文規定；惟如影響權益較小者，可能僅以行政規則規定，例如警察人員的劣蹟註記、列入關懷或教育輔導對象等。

　　總之，公務人員的職責來自於其身分與職務，因在工作上未盡到應盡之義務而生，惟僅論其法律責任，而不談倫理道德責任。如上所言，公務人員應負之職責可分為懲戒責任、懲處責任、刑事責任、國家賠償責任、民事責任與其他法律責任等6種，其中以刑事責任為最重，懲處責任最常見；至於民事責任，則因被國家賠償求償責任所吸收，法律上雖仍有規定，實務上已甚少見到。責任之不同，代表追究之方向與重點亦有不同矣！

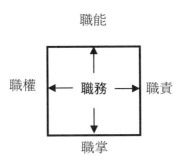

圖3.1　**職務的面向**

表3.1　**行政機關的職權**

行政機關的職權		
行為種類	法律依據	行為性質
作成行政處分	行政程序法及相關組織與業務法規	單方面、高權性、有拘束力、具體對象
訂定行政命令	中央法規標準法、行政程序法及相關組織與業務法規	單方面、抽象的法效力、間接的、概括對象
締結行政契約	行政程序法及相關組織與業務法規	雙方面、平等性、有拘束力、具體對象
確定行政計畫	行政程序法及相關組織與業務法規	單方面、無拘束力、概括對象
實施行政指導	行政程序法及相關組織與業務法規	單方面、無拘束力、具體對象
處理陳情事件	行政程序法及各機關組織與業務法規	單方面、不發生法效力、概括及具體對象
強制行政執行	行政執行法及相關組織與業務法規	單方面、高權性、有拘束力、具體對象
處理事實行為	相關組織及業務法規	單方面、不對外、間接的法效力、概括對象

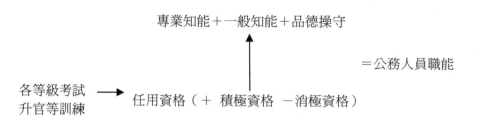

圖3.2　公務人員的職能架構

第四章

公務人員權利

　　公務人員的權利，不同於一般人民的權利，係植基於國家是公務人員的僱主，公務人員與國家具有公法上職務關係，因而課予特定的義務及給予特別的權利。近來有少部分勞工團體以公務人員擁有的權利為名，要求國家比照給予，顯然對公務人員權利的本質有所誤解。

　　眾所皆知：權利與義務是在民主法治社會中，國家賦予每個人的基本配備，也是現代法律關係的實質內容。每個人在享受權利的同時，也必須履行其義務。公務人員的身分與職業雖與一般人民略有不同，但一樣應盡其義務，並享其權利，只是其義務與權利的內涵已有改變與調整，而專屬於公務人員特別的權利義務範圍。在「法律保留」的原則下，所有的權利與義務原則上均應以法律或法律授權命令加以規定，而不能以行政規則或職權命令便宜行事，始符法治之本旨。

　　公務人員本於其身分與職務而擁有的特別權利，絕大多數來自於法律規定，少部分來自於法律授權命令或行政規則，或隱藏的法理之間。這些行政命令的規定與隱藏的法理，透過公務人員基準法草案及其他相關法案的立法工作，未來也不無提昇至法律位階或明

文規定的可能。

壹、公務人員權利的分類

　　公務人員權利係屬公法權利，或謂是行政法上的權利。所謂公法權利，係指依公法規定，得以主動行使或應受保障之利益。其情形與反射利益不同，反射利益是人民因政府機關採取各種行政措施的結果，從而可以享受的各種相關利益，或因法律規定而間接產生的利益。公法權利在內容方面包括三項要素：1.須爲當事人應享的利益，2.須當事人以明示或默示主張此種利益，3.須經公法承認或授予。（張家洋，1993：210）公務人員權利既屬公法權利，這三項要素當然不可或缺。

　　公務人員的主要權利，按各種不同標準，大致有以下七種分類：（如表4.1）

（一）按權利內容，可區分為具體權利與概括權利兩種

　　所謂具體權利，係指權利之內容非常明確具體，爲法規所明定，沒有模糊空間，不容許各機關自由裁量，如俸給權、退休金權、撫卹金權、公保給付請求權、使用官銜職稱權、復審權即是。所謂概括權利，又稱抽象權利，係指法律只原則規定權利範圍，而未規範其具體內容，權利實際內容仍有待行政命令規定或各機關斟酌情況爲之，如享受生活照顧權、職務上使用公物公款權、受獎勵權、參與政治活動權等即是。

（二）按權利屬性，可區分為實體權利與程序權利兩種

所謂實體權利，公務人員保障法謂之實體保障，係指權利內容屬於實體的權利；公務人員多數權利均屬實體權利。如從內容構成來看，基本上可歸納為政治權利、物質經濟保障權利與文化教育權利等三個方面。（馬登科，2006：7）所謂程序權利，也包括救濟權利，是指為行使或保障實體權利，而賦予的程序性權利，如訴願、復審權即是。實體權利如果比喻為獲贈一部車子的話，程序權利就是教他如何開車的技術，兩者顯然是相對的。

（三）按權利性質，可區分為經濟性權利、非經濟性權利與救濟性權利三種

所謂經濟性權利，是指與錢財有關的權利，如俸給權、未休假加班費請求權、公保給付請求權等。所謂非經濟性權利，是指與錢財無直接關係的權利，如永業任職保障權、參與政治活動權即是。所謂救濟性權利，係指其經濟性權利或非經濟性權利被侵犯後，得以向有關機關請求救濟的權利，主要有復審、申訴與再申訴等兩個管道。

（四）就權利來源，可區分為身分權利與職務權利兩種

前言之，公務人員的權利主要來自於其與一般人民不同的身分與職務，所以每一種權利，均有身分與職務的屬性，只是較偏於身分或偏於職務而已，前者謂之身分權利，後者謂之職務權利。身分權利以公務人員的身分為認定標準，只要具有公務人員的身分即可享受此一權利，較為公平，不因職務而有差異，例如任職保障權、使用官銜職稱權、復審權、福利事項中的子女教育補助費等即是。而職務權利，表面觀之，公務人員人人都可享有，不無公平之處，但實質內容卻因職務而大有不同，例如俸給權，人人都有，但俸給

內容不同，高低階公務人員的差距達四倍多，且行政院人事行政總處前亦曾研擬逐年緩進調整達五倍為目標（行政院人事行政局，1999:17），正足以說明其特性。

（五）就權利主張，可區分為不待主張即可享有的權利與必須申請始能享有的權利兩種

前者係指國家或各級政府無需公務人員或相關人員提出申請或主張，即應主動給予的權利，例如俸給權、參加考績權、任職保障權等即是，這些權利具有普遍性。至於後者，係指法規雖然明文規定公務人員具有是項權利，但仍須公務人員於一定事實或條件成就時提出申請，才能享受的權利，例如退休金、撫卹金權、公保給付權、請假、休假權、復審權等即是，這些權利大致偏向個別性。

（六）依權利資源，可區分為給予性權利與核可性權利兩種

所謂給予性權利，係指國家或各級政府應支付一定資源，公務人員始能取得的權利，例如俸給權、享受生活照顧權、執行職務權、健康維護權等即是。所謂核可性權利，係指國家或各級政府無需釋出資源，僅於法律明文規定，或為名義上的同意，公務人員即可享有的權利，例如使用官銜職稱權、參與政治活動權等即屬之；這類權利在未經法律明文核可前，不代表一定沒有此種權利，而應依個案情形，視其他相關法規或法理而決定之。

（七）依權利事實，可區分為經常性權利、一次性權利與偶發性權利三種

所謂經常性權利，係指該權利在一定期間之內必然發生或行使，如俸給權係按月行使，參加考績權除專案考績外，係每年辦理

一次，職務上使用公物公權、使用官銜職稱權也是經常的、隨時行使的權利。所謂一次性權利，是指公務人員在任職期間，原則只能行使一次的權利，如退休金權、撫卹金權、公保給付權中養老、死亡給付即是。所謂偶發性權利，係指非經常行使，因一定事實之發生而不只可以行使一次之權利，例如受獎勵權、團結及協議權、復審權及福利事項中的急難貸款等即是。（劉昊洲，2008：135）

要之，因公務人員權利內容繁多，性質各有不同，所以種類區分確實不少。如上所述，大致可按七種標準加以區分，不過此一區分只是相對的，而非絕對的，不可不察。

貳、公務人員權利的內涵

承上所言，公務人員權利乃基於公務人員的身分與職務而來，是國家本於僱主的立場應承擔的義務，也是因為公務人員與國家具有公法上職務關係才能享有的合法利益，所以公務人員權利乃專屬於公務人員的一般性權利，是不同於人民權利的特別權利。此與國家本於照顧全國民眾，所提供全民的權利，明顯有別。公務人員權利內涵既多且雜，但如就權利類型及人事作業予以區分，大致可分從任免、考訓、給與與救濟等四方面言之。（如表4.2）

甲、任免方面的權利

所謂任免，乃指任職與免職，是人事行政的常見術語。公務人員在任免方面的權利，不只與其職務有關，更是攸關其身分與任用資格的重大權利。就現行法規觀之，目前公務人員此一方面的權利主要有5項。

一、任職權

因參加公務人員考試錄取，以及隨後而來的考試錄取人員訓練及格，而取得公務人員任用資格及身分後，公務人員最初，也是最主要的權利就是任職權。即依其考試及格之類科與等級，並按其成績順序選填志願，由分發機關分發用人機關填報之職缺，報到工作之謂。關於公務人員的任職權，主要規範於公務人員考試法與公務人員任用法之中。

依公務人員考試法規定，目前公務人員考試按學歷分為三等五級，即高等考試一級考試、高等考試二級考試、高等考試三級考試、普通考試與初等考試；或與之相當的特種考試一等考試、二等考試、三等考試、四等考試與五等考試，分別由具有博士學位、碩士學位、大學學位、高中（職）學歷與不限學歷者報考。經各該考試及格後，分別取得與其相當考試類科之職組職系薦任第九職等、第七職等、第六職等、委任第三職等、第一職等之任用資格。

依公務人員任用法第5條規定，公務人員應依官等及職等任用之。官等分委任、薦任及簡任；職等分第一職等至第十四職等。委任為第一職等至第五職等，薦任為第六職等至第九職等，簡任為第十職等至第十四職等；以委任第一職等為最低，簡任第十四職等為最高。各機關就組織法規所定之職務，應賦予一定範圍之工作項目、適當之工作量及明確之工作權責，並訂定職務說明書，作為該職務人員工作指派及考核之依據。另應就其工作職責及所須資格，依職等標準列入職務列等表；必要時，一個職務得列二個至三個職等。各機關所定職務，應依職系說明書歸入適當之職組職系，列表送銓敘部核備。依考試院100年10月修正發布之職組暨職系名稱一覽表所定，全國政府機關所有職務，均統歸在43個職組與96個職系之中。

　　當前公務人員任職權的主要內涵有四：一是分發適當職務：即依各用人機關所填報之職缺，由考試錄取人員按正額或增額錄取之順序與名次，依其志願選填職缺，於接受考試錄取人員訓練成績及格後，正式分發任職。在早年行政院人事行政局尚未成立前的資格考試時代，必須由考試及格人員自行尋覓職缺及請求任用；但目前已改採任用考試，「即考即訓即用」、「考訓用合一」，由機關依序直接分發，當事人自無須另行申請。二是任用資格送審：公務人員到職後，除另有規定者外，應於三個月內填具擬任人員送審書表，連同公務人員履歷表、學經歷證明文件及服務誓言，送銓敘部銓敘審定；最多再延長以二個月為限。如經審定不合格者，應即停止其代理；如經審定合格者，即依法為「合格實授」、「准予權理」、「先予試用」等審定，此一經審定之資格，即是日後任職期間一切作為的基礎。三是依法執行職務：公務人員自到職日起，即應依其所任職務說明書填載之工作項目，秉持長官指示執行職務；此固為義務，但有學者認為亦屬權利之一，即長官如不予工作指派時，其亦得請求長官依法給予工作。四是申請免除試用：此乃初任公務人員，因具有與擬任職務職責程度相當或低一職等之經驗六個月以上者，依法毋須先予試用。如符此一要件規定者，可於送審書表中敘明，由銓敘部審定；乃屬特別權利，而非一般權利。至於早期因試用成績特優者，得申請縮短試用期間之規定，因91年1月公務人員任用法修正時業已刪除，自不再享有申請縮短試用期間之權利。

　　廣義的任職權也包括任職保障權，此即公務人員保障法第9條前段規定：公務人員之身分應予保障，非依法律不得剝奪。同法第9條之1亦規定：公務人員非依法律，不得予以停職。公務人員於停職、休職或留職停薪期間，仍具公務人員身分；但不得執行職務。所保障者乃其身分，或說是依附身分而來的所有職務，非指單一職務；

而如欲剝奪或免除某一公務人員之身分，如撤職或免職，必須依法律爲之，即須有法律依據，不能只依法規命令或行政規則，此即所謂撤免職法定主義是也。而停職也應有法律依據，即一般所稱停職法定主義之謂。

此外，該法第10條規定：經依法停職之公務人員，於停職事由消滅後三個月內得申請復職；服務機關或其上級機關除法律另有規定者外，應許其復職，並自受理之日起三十日內通知其復職。經依法停職之公務人員如未於三個月內申請復職者，機關人事單位應負責查催；如仍未於接到查催通知之日起三十日內申請復職，除有不可歸責於該公務人員之事由外，視爲辭職。又有關留職停薪人員與依法休職人員之復職事項，亦準用停職人員之規定。

二、參加升官等考試權

公務人員考試可分爲對社會大眾公開的高普初特考試，與僅限政府內部人員始能報考的升官等考試兩種。前者現職公務人員也能依其所具之學歷資格報考，但係以公民身分，而非以公務人員身分報考，只是依公務人員請假規則規定可以請公假應考而已；後者則限定公務人員身分，且達一定職等、年資及俸級者始能報考。依公務人員升官等考試法所定，升官等考試分爲簡任升官等考試與薦任升官等考試兩種；但簡任升官等考試，於103年12月本法修正後五年內辦理三次爲限，嗣後即予廢止。

基本言之，現任人員報考升官等考試，以現任或曾任職系之類科爲限。必須具有法定任用資格現任薦任或薦派第九職等人員四年以上，已敘薦任第九職等本俸最高級者，始得應簡任升官等考試；必須具有法定任用資格現任委任或委派第五職等人員滿三年，已敘第五職等本俸最高級者，始得應薦任升官等考試。

　　至於升官等考試之錄取人數上限，由典試委員會依各等級各類科全程到考人數百分之三十三擇優錄取；但總成績未達五十分，或筆試科目有一科成績爲零分，或特定科目未達規定最低分數者，均不予錄取。

三、陞遷權

　　陞遷，包括陞任與遷調，原屬任用之範疇，但民國89年5月公務人員陞遷法制定公布後，原一併於公務人員任用法規範的陞遷事項，已以專法加以規定。這也使得公務人員陞遷法成爲最年輕的公務人員法律之一。

　　公務人員陞遷，係指陞任較高之職務、非主管職務陞任或遷調主管職務，以及遷調相當之職務等三種情形。從傳統角度觀之，機關首長考量業務需要，本於其人事權的行使，自得將所屬人員配置在其認爲適合的職務，所屬公務人員原無請求陞任或遷調某一職務的權利，故陞遷並非公務人員的權利。但陞遷法制化後，業已明定優先陞任資格、不得辦理陞任情事、訂定陞遷序列表、組織甄審委員會辦理甄審事宜，以及參加本機關職缺之陞任甄審與他機關職缺之公開甄選等事項。職是，陞遷已不只是機關的人事行政處分，而成爲公務人員可以期待，甚至可以主張的權利。

　　公務人員雖無請求陞任或遷調某一職務的權利，但依法有參加甄審或公開甄選的權利。各機關職務出缺時，除依法申請分發考試及格，或依法得免經甄審（選）之職缺外，應就具有該職缺任用資格之人員，本功績原則評定後擇優陞遷。如擬由本機關人員陞遷時，應辦理甄審；如擬由本機關以外人員遞補時，原則上應經公開甄選。由本機關人員陞遷時，應依陞遷序列逐級辦理陞遷；如同一序列中人數眾多時，得按人員銓敘審定之職等、官稱官階、官等官

階、級別高低依序辦理；但次一序列中無適當人選時，得由再次一序列人選陞任。

各機關辦理公務人員之陞遷，應由人事單位就具有擬陞遷職務任用資格人員，分別情形，依積分高低順序或資格條件造列名冊，並檢同有關資料，報請本機關首長交付甄審委員會評審後，依程序報請機關首長就前三名中圈定陞補之；如陞遷二人以上時，就陞遷人數之二倍中圈定陞補之。本機關具擬陞任職務任用資格人員，經書面或其他足以確認之方式，聲明不參加該職務之陞任甄審時，得免予列入當次陞任甄審名冊。機關首長對甄審委員會報請圈定陞遷之人選有不同意見時，得退回重行改依其他甄選方式辦理陞遷事宜。

四、使用官銜職稱權

公務人員可否使用其官銜與職稱，目前法令未見規範，不過依法理及慣例，普遍認為公務人員應具有此項權利。公務人員基準法草案中則明確規定，公務人員有使用其官銜及職稱之權利。這充分說明服公職不僅為憲法規定之權利，亦屬榮譽之一，對於公務人員社會地位之象徵，自有正面助益；故在公務人員基準法草案中，乃參酌德、奧等國立法實例，明定公務人員享有此一權利。一俟完成立法程序，此一權利即正式成為公務人員的法定權利。

五、辭職請求權

辭職，亦稱請辭，是指公務人員請求辭去現任職務與公務人員身分。公務人員辭職生效後，不只脫離與其機關之間的服務關係，也脫離與國家的身分關係。

　　我國原未明定辭職是公務人員的權利，惟傳統上均將辭職視為公務人員的權利，亦不否認其為機關的人事行政處分，依公務員懲戒委員會59年（59）臺會議字第1084號函，略以：服公職為憲法明定之人民權利，除經挽留取消辭意者外，似難以懲戒處分未決定，或刑事繫屬中，為不准辭職之藉詞，而侵害其放棄權利之自由。又銓敘部89年（89）法五字第1854779號書函，略以：基於權利義務對等關係，公務人員如以書面提出辭職，其辭職並無危害國家安全之虞，且法律與契約並無其他規定或訂定者，機關首長不宜拒絕。

　　惟公務人員保障法106年6月修正公布後，該法第12條之1已明定公務人員之辭職，應以書面為之。除有危害國家安全之虞或法律另有規定者外，服務機關或其上級機關不得拒絕；並應於收受辭職書之次日起三十日內為准駁之決定。逾期未為決定者，視為同意辭職，並以期滿之次日為生效日；但公務人員指定之離職日逾三十日者，以該日為生效日。此一規定，已明白揭示辭職是公務人員的法定權利。就實務以觀，辭職必經個人提出書面申請、機關首長批示同意、機關發布准予辭職令、實際辦理離職手續等四道程序，始生辭職效力。

　　職是，辭職乃公務人員應提出書面申請，並經核可後始能享有的權利，殆無疑義。

　　綜上，公務人員在任免方面的權利，除最基本，也是最重要的任職權外，尚有參加升官等考試權、陞遷權、使用官銜職稱權與辭職請求權四者。這些權利有的需主動申請，有的不必；泰半為法律所明定，少數僅見於法理；但俱屬非經濟性權利，也是攸關其身分的重要權利，顯然與其他權利有所不同。

乙、考訓方面的權利

所稱考訓，通說係指考績與訓練，但在實務上所指考訓方面的權利，顯然不止於此，而是擴及任職期間非屬財物的，有關服務事項的權利。當前公務人員在這方面的權利不外參加考績等7項。

一、參加考績權

考績是機關對公務人員在一定期間服務成績的評價，並據此評價給予獎勵與懲罰之謂。考績，本屬機關督促公務人員服勤的重要管理措施，自非公務人員的權利，不過因絕大多數公務人員均可考列乙等以上，獲得晉敍俸級或一次獎金之獎勵，事涉財產權；而極少數考列丁等者則發生免職效果，亦攸關公務人員的身分權與工作權，故近來多數學者均認為參加考績亦屬公務人員的重要權利之一。

公務人員考績區分為年終考績、另予考績與專案考績三種。年終考績，係指各官等人員，於每年年終考核其當年一至十二月任職期間之成績，考績等次分甲、乙、丙、丁四等；考列甲等者，晉本俸或年功俸一級，並給與一個月俸給總額之一次獎金，已敍年功俸最高俸級者，給與二個月俸給總額之一次獎金；考列乙等者，晉本俸或年功俸一級，並給與半個月俸給總額之一次獎金，已敍年功俸最高俸級者，給與一個半月俸給總額之一次獎金；考列丙等者，留原俸級；考列丁等者，免職。另予考績，係指各官等人員，於同一考績年度內，任職不滿一年，而連續任職已達六個月者辦理之考績；考列甲等者，給與一個月俸給總額之一次獎金；考列乙等者，給與半個月俸給總額之一次獎金；考列丙等者，不予獎勵；考列丁等者，免職。專案考績，係指各官等人員平時有重大功過時，隨時辦理之考績；分一次記二大功與一次記二大過兩種情形。一次記二

大功者，其獎勵情形同於年終考績考列甲等人員，但在同一年度內再因一次記二大功辦理專案考績者，不再晉敘，改給二個月俸給總額之一次獎金。

年終考績應以平時考核爲依據，平時考核就其工作、操行、學識、才能行之。平時考核之獎勵分嘉獎、記功、記大功；懲處分申誡、記過、記大過；於年終考績時，併計成績增減總分。平時考核獎懲得互相抵銷，無獎懲抵銷而累積二大過者，年終考績應列丁等。除抵銷或免職者外，曾記二大功人員，考績不得列乙等以下；曾記一大功人員，考績不得列丙等以下；曾記一大過人員，考績不得列乙等以上。

依公務人員考績法第6條第3項規定，受考人在考績年度內，非有下列四款情事之一者，不得考列丁等：

1. 挑撥離間或誣控濫告，情節重大，經疏導無效，有確實證據者。

2. 不聽指揮，破壞紀律，情節重大，經疏導無效，有確實證據者。

3. 怠忽職守，稽延公務，造成重大不良後果，有確實證據者。

4. 品行不端，或違反有關法令禁止事項，嚴重損害公務人員聲譽，有確實證據者。

又依同法第12條第3項規定，非有下列八款情事之一者，不得爲一次記二大過處分：

1. 圖謀背叛國家，有確實證據者。

2. 執行國家政策不力，或怠忽職責，或洩漏職務上之機密，致政府遭受重大損害，有確實證據者。

3. 違抗政府重大政令，或嚴重傷害政府信譽，有確實證據者。

4. 涉及貪污案件，其行政責任重大，有確實證據者。

5. 圖謀不法利益或言行不檢，致嚴重損害政府或公務人員聲譽，有確實證據者。

6. 脅迫、公然侮辱或誣告長官，情節重大，有確實證據者。

7. 挑撥離間或破壞紀律，情節重大，有確實證據者。

8. 曠職繼續達四日，或一年累積達十日者。

此外，第14條亦明定各機關應設考績委員會，各機關對於公務人員之考績，應由主管人員就考績表項目評擬，遞送考績委員會初核，機關長官覆核，經由主管機關或授權之所屬機關核定，送銓敘部銓敘審定。但非於年終辦理之另予考績，或長官僅有一級，或因特殊情形報經上級機關核准不設置考績委員會時，除考績免職人員應送經上級機關考績委員會考核外，得逕由其長官考核。考績委員會對於考績案件，認為有疑義時，得調閱有關考核紀錄及案卷，並得向有關人員查詢。考績委員會對於擬予考績列丁等及一次記二大過人員，處分前應給予當事人陳述及申辯之機會。

所稱主管機關，係指總統府、國家安全會議、五院、各部（會、處、局、署與同層級之機關）、省政府、省諮議會、直轄市

政府、直轄市議會、縣（市）政府及縣（市）議會。

又，同法第16條規定，公務人員考績案，送銓敘部銓敘審定時，如發現有違反考績法規情事者，應照原送案程序，退還原考績機關另爲適法之處分。第18條則規定，年終辦理之考績結果，應自次年一月起執行；一次記二大功專案考績及非於年終辦理之另予考績，自主管機關核定之日起執行。但考績應予免職人員，自確定之日起執行；未確定前，應先行停職。

二、受獎勵權

公務人員在執行職務或依其他法定事由表現優良者，除得依公務人員考績法平時考核及專案考績規定，核予嘉獎、記功、記大功及一次記二大功等不同程度之獎勵外，另依褒揚條例、勳章條例、獎章條例、公務人員品德修養及工作績效激勵辦法等規定，尚能受褒揚、各種勳章、獎章及模範公務人員、傑出貢獻獎等獎勵。

依褒揚條例規定，我國國民或外國人如有：1.致力國民革命大業，對國家民族有特殊貢獻者；2.參預戡亂建國大計，應變有方，臨難不苟，卓著忠勤，具有勳績者；3.執行國策，折衝壇坫，在外交或國際事務上有重大成就者；4.興辦教育文化事業，發揚中華文化，具有特殊貢獻者；5.冒險犯難，忠貞不拔，壯烈成仁者；6.有重要學術貢獻及著述，爲當世所推重者；7.有重要發明，確屬有裨國計民生者；8.德行崇劭，流風廣被，足以轉移習尚，爲世楷模者；9.團結僑胞，激勵愛國情操，有特殊事蹟者；10.捐獻財物，熱心公益，績效昭著者；11.其他對國家社會有特殊貢獻，足堪褒揚者；這十一種情事之一，於其逝世後，綜其生平事蹟，經行政院呈請總統褒揚。褒揚方式包括明令褒揚與題頒匾額2種。明令褒揚者，並依其情形入祀國民革命忠烈祠或地方忠烈祠，將其生平事蹟宣付國史館，並列入

省（市）、縣（市）志；題頒匾額之對象較廣，不限於已逝世之自然人，包括法人或團體及個人，均得受頒匾額。

依勳章條例規定，我國人民有勳勞於國家或社會者，得授予勳章；為敦睦邦交，亦得授勳章予外國人。勳章分采玉大勳章、中山勳章、中正勳章、卿雲勳章、景星勳章5種。授予勳章，應附發證書。勳章於著禮服或制服時方得佩帶，但僅配帶小型勳章或勳表時不在此限。

依獎章條例規定，公教人員著有特殊功績、優良事蹟、優良服務成績或專業具體事蹟者，得頒給獎章；非公教人員或外國人對國家著有功績或其他優異表現者，亦同。獎章分功績獎章、楷模獎章、服務獎章、專業獎章4種。功績獎章、楷模獎章各分三等，服務獎章分為四等。

在功績獎章部分，如有：1.主持重大計畫或執行重要政策，成效卓著；2.對主管業務，提出重大革新方案，經採行確具成效並有具體事蹟；3.研究發明著作，經審查認定對業務或學術有重大價值；4.檢舉或破獲重大危害國家安全案件，消弭禍患；5.檢舉或破獲重大犯罪案件，有助廉能政治，或對維護人民生命財產安全著有貢獻；6.對突發重大事故，處置得宜，免遭嚴重損害；7.其他特殊功績足資矜式；這七款情事之一，即頒給功績獎章。

在楷模獎章部分，如有：1.操守廉潔，有具體事蹟，足資公教人員楷模；2.奉公守法，品德優良，有特殊事蹟；3.搶救重大災害，奮不顧身，有具體事實；4.因執行職務受傷，達公教人員保險全殘廢標準；5.因執行職務，以致死亡；6.其他優良事蹟足資矜式；這六種情事之一，則頒給楷模獎章。

在服務獎章部分，公教人員如在職服務成績優良，且達一定年資以上，於退休（職）、資遣、辭職或死亡時，頒給服務獎章。任職滿十年者，頒給三等服務獎章；任職滿二十年者，頒給二等服務獎章；任職滿三十年者，頒給一等服務獎章；任職滿四十年者，頒給特等服務獎章。頒給獎章時，並應附發證書。

公務人員功績獎章、楷模獎章、服務獎章由各主管機關報請各該主管院核定，並由院長頒給之；但服務獎章得授權由各主管機關核頒，並送銓敘部登記。

至於專業獎章，應由各主管院或主管機關依其主管業務之性質及需要，訂定頒給辦法。依據頒給辦法規定，由主管院院長或主管機關首長核頒專業獎章，並送銓敘部登記。

依公務人員品德修養及工作績效激勵辦法規定，為提昇公務人員品德修養及工作績效，應視其特性、業務性質及發展目標等，採行激勵措施。如公務人員或團體在本機關內具有：1.盡忠職守，任事負責，及時回應民眾需求，辦理為民服務業務，經評選服務績優；2.熱心服務，不辭勞怨，積極解決重大問題，確有成效；3.依機關訂定之推動參與建議措施，提出創新改善意見，經評估採行確有成效；4.提出研究發展成果或興革措施，經採行確有成效；5.執行專案計畫或臨時交辦事項，圓滿達成任務，有具體績效；6.團體績效評比結果，達成目標且表垷優良；7.其他工作表垷優良且績效卓著；這七款情事之一，個人得頒給新臺幣五千元以下等值之獎勵；團體得頒給新臺幣一萬元以下等值之獎勵。

現職公務人員品行優良，且上年度在本機關具有：1.廉潔自持，不受利誘，有具體事實，足資表揚；2.熱心公益，主動察覺民眾急難，適時給予協助，事蹟顯著；3.持續參與社會服務，獲得高度肯

定，提升公務人員形象；4.主動積極，戮力從公，行爲及工作上有特殊優良表現，且服務態度優良；5.對經辦業務，能針對時弊，提出重大革新措施，經採行確具成效；6.對上級交付之重要工作，能克服困難，圓滿達成任務；7.辦理爲民服務業務，工作績效特優且服務態度良好；8.其他特殊優良事蹟，足爲公務人員表率；這八款具體事蹟之一者，得被選拔爲模範公務人員。模範公務人員之選拔，分由中央二級或相當二級以上機關、直轄市、縣（市）政府、直轄市、縣（市）議會辦理，每年定期舉辦一次。其名額計算方式，如機關現有職員總人數未滿一百人者，採逐年累計方式，於人數滿一百人期間內，選拔一人；滿一百人未滿五百人者，得選拔一人；滿五百人未滿一千人者，得選拔二人；滿一千人者，得選拔三人；其後每滿一千人，得增加選拔一人，尾數未滿一千人者不計。各主管機關應公開表揚獲選之模範公務人員，頒給獎狀一幀及獎金最高新臺幣五萬元，當年度並給予公假五日。獲獎者應登載於其個人人事資料中，並函送銓敘部登記備查。

現職公務人員或團體，如於五年內具有：1.基於本職專業，長期致力於公益服務，照護弱勢，奉獻社會，事蹟卓著；2.積極參與社會及國家事務，實踐熱愛生命、行善關懷、追求正義等，改善社會風氣，具重大貢獻；3.在工作中有發明、創造、爲國家取得顯著經濟效益及增進社會公益；4.提出重大革新方案，建立制度有顯著成效；5.維護公共財產，節約國家資源有顯著成效；6.防止或挽救重大事故有功，使國家和人民利益免受或減少損失；7.搶救重大災害、危險或消弭重大意外事故，奮不顧身，處置得宜，對維護生命、財產有重大貢獻；8.查舉不法，對維護國家安全、社會安寧或澄清吏治有重大貢獻；9.爲國家爭得重大榮譽或利益，有具體事蹟；10.其他具體傑出事蹟值得表揚；這十款事蹟之一者，得由機關推薦，函送銓敘部彙整，報請考試院審議後，頒給傑出貢獻獎。公務人員傑出貢獻獎每

年總獎額以十名為限，其中團體獎額以四名為限，個人獲獎者，頒給獎座一座，獎金新臺幣二十萬元，及給予公假五日；團體獲獎者，頒給獎座一座及獎金新臺幣三十萬元。除由考試院公開表揚外，其傑出事蹟應編印專輯。

獲選為模範公務人員或獲頒公務人員傑出貢獻獎者，事後如發現有不實之情事者，各機關應即查明事實，報送主辦機關或考試院註銷其獲選資格，追繳其獎金（獎座），由銓敘部登記備查。

三、參加訓練進修權

公務人員在任職期間參加各項訓練進修活動，既是權利，也是義務。依公務人員訓練進修法規定，訓練種類計有：公務人員考試錄取人員訓練、升任官等訓練、高階公務人員中長期發展性訓練、行政中立訓練、專業訓練、一般管理訓練、進用初任公務人員訓練與其他在職訓練進修等八種。前四種訓練由公務人員保障暨培訓委員會或委託相關機關（構）辦理之；後四種訓練由各中央二級以上機關、直轄市政府或縣（市）政府辦理，或授權所屬機關辦理之，其中考試錄取人員訓練屬考試程序的一環，為取得公務人員身分之前的訓練，並非公務人員任職期間參加訓練進修權的範圍。

在前述任職期間的訓練種類中，最為重要的莫過於升任官等訓練。因為這是發展性的法定訓練，如未經升任高一官等訓練及格，即不能取得升任高一官等職務之任用資格。依公務人員任用法第17條及其授權訂定的薦任公務人員晉升簡任官等訓練辦法、委任公務人員晉升薦任官等訓練辦法規定，升任官等訓練分為薦任晉升簡任官等訓練與委任晉升薦任官等訓練二個等級。不過除這二種一般公務人員晉升官等訓練外，公務人員保障暨培訓委員會尚辦理交通事業人員員級晉升高員級資位訓練、警佐警察人員晉升警正官等訓

練、警正警察人員晉升警監官等訓練等三種特種公務人員晉升官等（資位）之訓練。職是，晉升官等（資位）之訓練雖分二個等級，但其實共有五種訓練。

現職公務人員經銓敘部銓敘審定合格實授現任薦任第九職等職務，經高等考試或相當之考試及格，並任合格實授薦任第九職等職務滿三年；或經大學以上學校畢業，並任合格實授薦任第九職等職務滿六年；且其以該職等職務辦理之年終考績最近三年二年列甲等、一年列乙等，已晉敘至薦任第九職等本俸最高級者，即得參加薦任晉升簡任官等訓練。訓練成績及格者，即取得晉升簡任第十職等之任用資格。

又，經銓敘審定合格實授現任委任第五職等人員，經普通考試或相當之考試及格，並任合格實授委任第五職等職務滿三年；或經高級中等學校畢業，並任合格實授委任第五職等職務滿十年；或專科學校畢業，並任合格實授委任第五職等滿八年；或大學獨立學院以上學校畢業，並任合格實授委任第五職等職務滿六年；且其以該職等職務辦理之年終考績最近三年二年列甲等、一年列乙等以上，已晉敘至委任第五職等本俸最高級者，即得參加委任晉升薦任官等訓練。訓練成績及格者，即取得晉升薦任第六職等之任用資格。

公務人員進修分為入學進修、選修學分及專題研究三種；得以公餘、部分辦公時間或全時進修行之。各機關學校選送國外進修人員，如為入學進修或選修學分，進修期間為一年以內，但經核准者得延長最多一年；如為專題研究，期間為六個月以內，必要時得申請延長最多三個月。選送國內全時進修人員，其進修期間為二年以內，但經核准者得延長最多一年。全時進修結束，如為帶職帶薪人員，回原服務機關學校繼續服務期間應為進修期間之二倍，但不得少於六個月；如為留職停薪人員，其應繼續服務期間與留職停薪期

間相同。未依規定履行服務義務者，除予以懲處外，並追償其所領俸（薪）給及補助。

四、請假休假權

公務人員請假、休假的法源依據是公務員服務法，及其授權訂定的公務人員請假規則。依該法第12條第1項規定：「公務員除因婚、喪、疾病、分娩或其他正當事由外，不得請假。」就其不得請假的原意觀之，傳統上認為請假其實不是公務人員的權利，只是機關的人事管理措施；不過多數學者從此條項規定的反面解釋來說，既有婚、喪、疾病、分娩或其他正當事由，即得請假，故宜說是權利，絕非止於人事管理措施。

依公務人員請假規則規定，狹義的請假分為七款十二種假別。包括：1.事假：每年准給5日，超過者按日扣除俸給；2.家庭照顧假：每年准給7日，其日數併入事假計算；3.病假：每年准給28日；4.女性生理假：每月得給1日，其日數併入病假計算；5.延長病假：患重病非短時間所能治癒者，得核准請延長病假，其延長期間，二年內合併計算不得超過一年；6.婚假：給予14日，原則上應自結婚之日起1個月內請畢；7.產前假：因懷孕者，於分娩前給予8日，得分次申請，不得保留至分娩後；8.娩假（產假）：分娩後，給予42日；9.流產假：懷孕滿5個月以上流產者，給予42日；懷孕3個月以上未滿5個月流產者，給予21日；懷孕未滿3個月流產者，給予14日；10.陪產假：因配偶分娩者給予3日，得分次申請；11.喪假：父母、配偶死亡者，給予15日；繼父母、配偶之父母、子女死亡者，給予10日；曾祖父母、祖父母、配偶之祖父母、配偶之繼父母、兄弟姐妹死亡者，給予5日；得分次申請。但應於死亡之日起百日內請畢；12.捐贈骨髓或器官假：視實際需要給假。惟任職未滿一年者之事假日數，依在職月數比例計算之。

　　廣義的請假，除上揭七款十二種假別外，尚包括公假及休假。所謂公假，是指公務人員具有：1.奉派參加政府召集之集會；2.參加政府舉辦與職務有關之考試，經機關長官核准者；3.依法受各種兵役召集；4.參加政府依法主辦之各項投票；5.因執行職務或上下班途中發生危險以致傷病，必須休養或療治，其期間在二年以內者；6.奉派或奉准參加與其職務有關之訓練進修，其期間在一年以內者；但公務人員訓練進修法規另有規定者，從其規定；7.奉派考察或參加國際會議；8.應國內外機關團體邀請，參加與其職務有關之各項會議或活動，或基於法定義務出席作證、答辯，經機關長官核准者；9.參加本機關舉辦之活動，經機關長官核准者；10.因法定傳染病經各級衛生主管機關認定應強制隔離者；但因可歸責於當事人事由而罹病者，不在此限；11.依考試院訂定之激勵法規規定給假者；這十一種公益事由，而由機關視實際需要，所給予不計日數的假別。所謂休假，是指公務人員任職一定期間以上，機關為慰其勞績，所給予特別休息的假別。依請假規則第7條規定，公務人員至年終連續服務滿一年者，第二年起每年給予休假7日；服務滿三年者，第四年起，每年給予休假14日；滿六年者，第七年起，每年給予休假21日；滿九年者，第十年起，每年給予休假28日；滿十四年者，第十五年起，每年給予休假30日。至初任人員於二月以後到職者，得按當月至年終之在職月數比例於次年一月起核給休假。如因轉調（任）或因退休、退職、資遣、辭職再任年資銜接者，其休假年資得前後併計；如侍親、育嬰留職停薪者，其復職當年度及次年度休假，均按前一在職年度實際任職月數比例核給。

　　不容否認的，請假、休假是公務人員最切身，最具體，最重要的權利之一，然而公務人員固有請假、公假及休假的「權利」，但機關長官也有准假的「權力」。故此一權利是需經申請，並經核准，始能享有的權利，也可說是附有條件的權利。

五、參與政治活動權

公務人員有無參與政治活動的權利？向來看法紛歧，有人認為參與政治活動既是人民的權利之一，公務人員亦屬人民的一部分，在法無限制的情況下，自應允許公務人員擁有此一權利。惟公務人員行政中立立法公布施行後，此一權利受到該法的限制，只有在該法允許的範圍內，始克享有參與政治活動的權利。易言之，如不違行政中立規定，公務人員亦享有參與各種政治活動的權利。

依該法規定旨意，公務人員對政治活動應採中立態度，原則上應與政治保持適度距離。惟仍得依其意願自由加入政黨或其他政治團體；並得於下班時間或假日，參與政黨或其他政治團體之活動；亦得參加遊行或依法募款之活動。如公務人員登記為公職候選人者，自候選人名單公告之日起至投票日，應依規定請事假或休假。

至於自由行使選舉、罷免、創制、複決的權利，屬憲法規定的基本權利，與一般人民的保障相同，自不在話下。

六、團結及協議權

結社自由是憲法賦予人民的基本權利之一，然而在往昔特別權力關係的理論基礎之下，公務人員的結社權完全被剝奪。歷經司法院大法官會議多次解釋，將公務人員與國家的關係漸次調整為公法上職務關係後，此一情況終於有所改善，公務人員目前已有組成及參加協會的權利。

依公務人員協會法規定，公務人員協會為法人，其組織分機關公務人員協會與全國公務人員協會二級。中央機關公務人員協會係指總統府、國家安全會議、五院、各部及同層級之機關公務人員協

會；地方機關公務人員協會則指各直轄市、縣（市）之機關公務人員協會。

　　各機關公務人員協會應經各該機關公務人員三十人以上之發起，始得籌組；於招募會員人數已達八百人，或超過機關預算員額數五分之一，且不低於三十人時，即可召開機關公務人員協會成立大會。經中央機關公務人員協會總數五分之一以上，及各直轄市、縣（市）之機關公務人員協會總數三分之一以上，即得共同發起及籌組全國公務人員協會。

　　各機關公務人員協會僅能成立一個，如轄區遼闊、人數眾多者，得設分會，但同一機關以設一分會為限。全國公務人員協會亦僅有一個，並應冠以中華民國名稱。

　　各機關公務人員協會之職掌事項，包括得建議、得辦理、得提出協商三部分，如協商不成，尚得向其主管機關申請調解；如調解不成，尚可申請爭議裁決。

　　公務人員協會置理事、監事，分別組成理事會、監事會；由全體會員或會員代表就會員中選任。機關公務人員協會置理事五人至十五人，全國公務人員協會理事名額不得逾三十五人；各級公務人員協會監事名額不得逾其理事名額三分之一，但不足一人時以一人計。理事、監事名額在三人以上者，得分別互選常務理事及常務監事，並由理事就常務理事中選舉一人為理事長，對外代表協會。常務監事在三人以上時，應互推一人為監事會召集人，其任期均為二年，連選得連任；惟理事長之連任以一次為限。

　　各機關不得因公務人員發起、籌組或加入公務人員協會，擔任公務人員協會會務人員，或從事與公務人員協會有關之合法行為，

而予以不利處分。代表公務人員協會於上班時間與機關進行協商、調解或列席爭議裁決委員會之公務人員，得請公假。此外，為辦理會務，機關公務人員協會理事長得請公假，每月不得超過二十小時，理事、監事不得超過十小時；全國公務人員協會理事長每月不得超過四十小時，理事、監事不得超過二十小時。

七、不受違法命令保障權

依公務人員保障法第16條規定：「公務人員之長官或主管對於公務人員不得作違法之工作指派，亦不得以強暴脅迫或其他不正當方法，使公務人員為非法之行為。」此係直接規範機關長官不得任意對所屬公務人員作違法之工作指派，藉以保障公務人員依法執行職務。為避免機關長官之命令是否違法之爭議，並釐清責任歸屬，該法第17條進一步規定，公務人員對於長官監督範圍內所發命令如認有違法情事者，除其係違反刑事法律，當然無需服從外，負有報告之義務，並得請求該長官以書面下達命令。該長官如以書面署名下達時，公務人員即應服從，其因此所生之責任，由該長官負之；如該長官拒絕以書面署名下達命令時，則視為撤回其命令。此一規定，除兼顧公務人員服從義務與所負責任之衡平外，亦保障公務人員不受違法命令之權利。

據上，公務人員在考訓方面的權利，主要有參加考績權、受獎勵權、參加訓練進修權、請假休假權、參與政治活動權、團結及協議權與不受違法命令保障權等7種。這些權利均屬任職期間有關服務事項的權利，其本質均為非經濟性權利，但有些則與錢財有關，顯然也有其特別之處。

丙、給與方面的權利

　　所謂給與，主要是指金錢給與；給與方面的權利是公務人員最基本，也是最具體的權利。公務人員不但在任職期間享有各種給與權利，即便是依法退休、資遣而離職，或在職死亡撫卹時，亦可主張其應有的給與權利。大致言之，目前公務人員享有的給與權利有12種；其中以俸給權、公保給付請求權、退休及資遣請求權、撫卹金請求權四者最為重要。

一、俸給權

　　俸給權是公務人員任職期間最基本，也是最主要的權利。因為在所有僱傭關係，勞方為資方工作，資方則給付一定酬勞，這是自古以來顛撲不破的道理。公務人員既直接為政府機關做事，間接為國家服務，則國家給予一定之酬勞，自屬必要。不過給予公務人員之酬勞，必須依國家俸給制度為之；如有疑義，亦由中央主管機關為之，而非由各地方政府或各機關自行核給。

　　依公務人員俸給法規定，公務人員所支領之俸給，包括本俸（年功俸）與加給，均以月計之。依公務人員敘定之官職等級與職務支給，屬公法上財產權，非有法定原因不得予以降敘或減俸；非依法令亦不得變更其加給數額。

　　所謂本俸，係指各職等人員依法應領取之基本給與。所謂年功俸，係指各職等高於本俸最高俸級之給與。所稱加給，係指本俸、年功俸以外，因所任職務種類、性質與服務地區之不同，而另加之給與。依其性質，加給分職務加給、技術或專業加給、地域加給3種。

委任分五個職等，第一職等本俸分七級，年功俸分六級；第二至第五職等本俸各分五級，第二職等年功俸分六級，第三職等、第四職等年功俸各分八級，第五職等年功俸分十級。薦任分四個職等，第六至第八職等本俸各分五級，年功俸各分六級；第九職等本俸分五級，年功俸分七級。簡任分五個職等，第十至第十二職等本俸各分五級，第十職等、第十一職等年功俸各分五級，第十二職等年功俸分四級，第十三職等本俸及年功俸均分三級，第十四職等本俸爲一級。

目前初任各官等職務人員，原則上高等考試一級考試及格者敘薦任第九職等本俸一級，高等考試二級考試及格者敘薦任第七職等本俸一級，高等考試三級考試及格者敘薦任第六職等本俸一級。普通考試及格者敘委任第三職等本俸一級，初等考試及格者敘委任第一職等本俸一級。又，簡任升官等考試及格人員初任簡任職務時，敘簡任第十職等本俸一級；薦任升官等考試及格人員初任薦任職務時，敘薦任第六職等本俸一級。

依各種考試或任用法規限制調任之人員，以及依專門職業及技術人員轉任公務人員條例轉任之人員，在限制轉調機關、職系或年限內，如依另具之公務人員任用資格任用時，應以其所具該公務人員任用資格重新銓敘審定俸級。如以其他任用資格於原職務改任時，亦應以其所具該公務人員任用資格，重新銓敘審定俸級。

依法銓敘合格人員調任同官等職務時，仍依原俸級銓敘審定。在同官等內調任高職等職務時，具有所任職等職務任用資格者，自所任職等最低俸級起敘；如未達所任職等之最低俸級者，敘最低俸級；如原敘俸級之俸點高於所任職等最低俸級之俸點時，敘同數額俸點之俸級。在同官等內調任低職等職務以原職等任用人員，仍敘原俸級，考績時並得在原職等範圍內晉敘。權理人員，仍依其所具

資格銓敘審定俸級。調任低官等職務以調任官等之最高職等任用人員，其原敘俸級如在所調任官等之最高職等內有同列俸級時，敘同列俸級；如高於所調任官等之最高職等最高俸級時，敘至年功俸最高級為止，其原敘較高俸級之俸點仍予照支。

公立學校教育人員、公營事業人員轉任行政機關職務時，其俸級之核敘，原則上依其考試及格所具之資格，或曾經銓敘審定有案之職等，銓敘審定俸級。其曾任行政機關銓敘審定有案之年資，如符合公務人員考績法第11條規定時，應先於所轉任職務列等範圍內晉升職等，再銓敘審定俸級。

公務人員如曾任：1.經銓敘部銓敘審定有案之年資，2.公營事業機構具公務員身分之年資，3.依法令任官有案之軍職年資，4.公立學校之教育人員年資，5.公立訓練機構職業訓練師年資，其與現任職務職等相當、性質相近且服務成績優良者，得按年核計加級至其所銓敘審定職等之本俸最高級；如尚有積餘年資，且其年終考績合於或比照合於公務人員考績法晉敘俸級之規定，得按年核計加級至其所銓敘審定職等之年功俸最高級為止。如曾任政務人員、民選首長、公立專科以上學校教師、公立社會教育機構專業人員及公立學術研究機構研究人員之年資，繳有成績優良證明文件者，亦得按年核計加級至其所銓敘審定職等之年功俸最高級為止。至於前揭以外的公務年資，如符合「與現任職務職等相當、性質相近且服務成績優良」之規定，亦得按年核計加級，但只能敘至所銓敘審定職等之本俸最高級為止。

降級人員，改敘所降之俸級；但在本職等內無級可降時，以應降之級為準，比照俸差減俸。給予年功俸應降級者，應先就年功俸降級。降級人員依法再予晉級時，自所降之級遞晉；其無級可降，比照俸差減俸者，應依所減之俸差逐年復俸。

依法停職人員於停職期間，得發給半數之本俸（年功俸），至其復職、撤職、休職、免職或辭職時為止。復職人員補發停職期間之本俸（年功俸）者，在停職期間領有半數之本俸（年功俸）者，應於補發時扣除之。先予復職人員，應俟刑事判決確定未受徒刑之執行；或經移付懲戒，須未受撤職、休職之懲戒處分者，始得補發停職期間未發之本俸（年功俸）。停職、復職、先予復職人員死亡者，得補發停職期間未發之本俸（年功俸），並由依法得領受撫卹金之人員具領之。公務人員失蹤期間，在未確定死亡前，應發給全數之本俸（年功俸）。

公務人員服務未滿整月者，按實際在職日數覈實計支；其每日計發金額，以當月全月俸給總額除以該月全月之日數計算。但死亡當月之俸給按全月支給。惟如曠職或請假超過規定日數者，應扣除其曠職或超過規定事假日數之俸給。

二、加班補償請求權

公務人員經有權長官指派於上班時間以外執行職務，此即一般所稱之加班。加班固是公務人員之法定義務，但加班後得請求補償，此一加班補償之請求，則屬權利。依公務人員保障法第23條規定，服務機關應給予加班費、補休假、獎勵或其他相當之補償。目前各機關係以核給加班費與補休假為主，不過因政府財政拮据，除專案核准者外，原則上每人每月報支加班費以不超過20小時為原則。

三、休假補助費請求權

為鼓勵公務人員藉由休假以緩和工作壓力，促進身心健康，行政院與所屬中央及地方各機關公務人員休假改進措施明定：公務人

員當年具有14日以下休假資格者，應全部休畢；具有14日以上休假資格者，至少應休假14日；應休而未休假者，不得發給未休假加班費。爲配合此一政策措施，公務人員休假補助費即一分爲三，凡依規定在應休假日數休假者，可核實申請強制休假補助，如持國民旅遊卡至特約商店刷卡消費者，給予每人全年最高新臺幣1萬6千元之補助；如未達14日資格者，每日以新臺幣1143元計算。在應休假日數以外休假者，可申請休假補助費每日新臺幣600元。而在應休假日數以外未休假者，始得依規定支領未休假加班費。

四、生活津貼補助請求權

所謂生活津貼補助，是指原依中央公教人員生活津貼支給要點等行政命令規定，現依全國軍公教員工待遇支給要點之規定，所核發之婚、喪、生育及子女教育補助與房租津貼等項費用。此一生活津貼之性質，基本上非屬法定權利，而是福利給與。

依上揭待遇支給要點規定，目前結婚補助2個月薪俸額；生育補助2個月薪俸額；父母、配偶死亡，喪葬補助5個月薪俸額；子女死亡，喪葬補助3個月薪俸額；其補助基準，係以事實發生日期當月薪俸額爲準。子女教育補助，則照子女教育補助表所定標準補助。除結婚補助，夫妻得分別申請補助外，其他補助，同一事實以報領一份爲限。上開各項補助，均應於事實發生後3個月內，檢附相關證件向本機關提出申請；但申請大陸地區眷屬之喪葬補助者，其申請期限爲6個月。

至房租津貼部分，因已在79年度待遇調整中，併入專業加給內支給，故目前居住於公有房舍之現職人員，應由服務機關學校按月將房租津貼數額扣繳公庫。但眷屬如未居住公有房舍，而本人因業務實際需要，經機關首長核准居住單房間職務宿舍者，不在此限。

五、支領年終工作獎金權

　　為激勵現職軍公教人員士氣，慰勉其辛勞，行政院每年均循例訂定軍公教人員年終工作獎金發給注意事項，發給現職軍公教人員（含技警工友）及年度中退休（伍、職）、資遣、死亡人員年終工作獎金。其發給基準，大致按照當年十二月實際支領之俸給總額，全年在職者發給一點五個月之年終工作獎金，於二月份以後到職者，或在年度中離職者，按實際在職月數比例發給，原則在春節前十日一次發給。

　　發給年終工作獎金，以現職人員為主，如係留職停薪或因案停職人員，除有特別規定者外，原則上均不發給。又年終考績或另予考績考列丙等以下，或年度中受記過以上之懲戒處分，或平時考核經獎懲相互抵銷後累積達一大過者，均不發給年終工作獎金。如年度中平時考核獎懲相互抵銷累積達記過二次，或累積曠職達四日者，發給三分之一數額；累積達記過一次，或累積曠職達三日者，發給三分之二數額；年度中受申誡之懲戒處分者，發給四分之三數額。

六、職務上使用公物公款及墊支費用償還請求權

　　公務人員因執行職務之需要，得依法使用各種公物及支用公款；如事先墊支，並得請求償還，例如辦公用具及旅費等即是；政府機關原則上不得拒絕，惟得依其預算編列及經費使用情形，衡量輕重斟酌為之。目前公務人員在職務上得使用公物公款及請求償還墊支費用的依據，主要係公務人員保障法第18條規定：「各機關應提供公務人員執行職務必要之機具設備及良好工作環境。」以及第24條規定：「公務人員執行職務墊支之必要費用，得請求服務機關償還之。」其餘則散見於會計法規、事務管理手冊與其他業務

法規。

七、安全及衛生防護請求權

依公務人員保障法第18條規定，各機關應提供公務人員執行職務必要之機具設備及良好工作環境。又第19條規定，公務人員執行職務之安全應予保障；各機關對於公務人員之執行職務，應提供安全及衛生之防護措施。考試院本於法律授權，復會同行政院訂定發布公務人員安全及衛生防護辦法，做為執行依據。

依公務人員安全及衛生防護辦法規定，各機關對公務人員基於其身分與職務活動所可能引起之生命、身體及健康危害，應考量基於職務性質、性別、年齡、身心障礙或女性妊娠中及分娩未滿一年等因素，採取必要之預防及保護措施；包括辦公場所、執行職務、健康防護等方面之安全衛生設施及侵害事故之處理。各機關並應組成安全及衛生防護小組，及建立通報機制。

又公務人員保障法第20條規定，公務人員執行職務時，現場長官如認已發生危害或明顯有發生危害之虞者，得視情況暫時停止執行。同法第21條第1項規定，公務人員因機關提供之安全及衛生防護措施有瑕疵，致其生命、身體或健康受損時，得依國家賠償法請求賠償。

八、健康維護權

有關公務人員之健康維護，除公務人員保障法及公務人員安全及衛生防護辦法有原則性規定外，其具體實施範圍及項目，目前尚無法律明定，主要依保訓會訂定發布之公務人員一般健康檢查實施要點辦理。

　　依該要點規定，公務人員依其職務及年齡，得每年、間年或三年，至中央衛生主管機關評鑑合格之醫療機構，按檢查項目表規定，實施一般健康檢查。檢查時覈實給予公假，最高給予二日；並於當年度申請檢查費用之補助。一般健康檢查，亦得配合成人預防保健服務辦理之。

九、公保給付請求權

　　公教人員保險屬於社會保險，凡法定機關（構）與公立學校編制內有給專任人員，除法律另有規定外，應一律參加本保險為被保險人，並負有在加保期間（自承保之日起至退出本保險前一日止）繳交保險費之義務。另外，辦妥財團法人登記，並經主管教育行政機關核准立案之私立學校編制內有給專任教職員，以及其他經本保險主管機關認定之人員，依法亦應參加本保險。

　　依公教人員保險法規定，保險範圍包括：失能（原稱殘廢）、養老、死亡、眷屬喪葬、生育及育嬰留職停薪六項。如在保險有效期間發生上開六項保險事故，即應予現金給付。養老給付及死亡給付按被保險人發生保險事故當月起，前十年投保年資之實際保險俸（薪）額平均計算；但加保未滿十年者，按其實際投保年資之保險俸（薪）額平均計算。育嬰留職停薪津貼按被保險人育嬰留職停薪當月起，往前推算六個月保險俸（薪）額之平均數百分之六十計算。失能給付、生育給付及眷屬喪葬津貼按被保險人發生保險事故當月起，往前推算六個月保險俸（薪）額之平均數計算；但加保未滿六個月者，按其實際加保月數之平均保險俸（薪）額計算。

　　被保險人發生傷害事故或罹患疾病，經醫治終止後，身體仍遺留無法改善之障礙而符合失能標準，並經中央衛生主管機關評鑑合格之醫院鑑定為永久失能者，按其確定永久失能日當月往前推算六

個月保險俸（薪）額之平均數核給失能給付。如係因執行公務或服兵役致成全失能者，給付三十六個月；半失能者，給付十八個月；部分失能者，給付八個月。如係因疾病或意外傷害致成全失能者，給付三十個月；半失能者，給付十五個月；部分失能者，給付六個月。

被保險人依法退休（職）、資遣，或繳付保險費滿十五年且年滿五十五歲以上而離職退保時，給與養老給付。其請領方式有一次養老給付與養老年金給付二種。在一次養老給付，保險年資每滿一年，給付一點二個月，最高以給付四十二個月為限；但辦理優惠存款者，最高以三十六個月為限。在養老年金給付，保險年資每滿一年，在給付率百分之零點七五至百分之一點三之間核給之，最高採計三十五年，其總給付率最高為百分之四十五點五；畸零月數及日數均按比率發給。兩者相較，請領養老年金給付之條件明顯較一次養老給付嚴苛，僅於繳付保險費滿十五年以上且年滿六十五歲，或繳付保險費二十年以上且年滿六十歲，或繳付保險費滿三十年且年滿五十五歲，且非準用本法之外國人，亦無犯貪污治罪條例之罪，或犯刑法瀆職罪，或於動員戡亂時期終止後犯內亂、外患罪，經判刑確定等情形者，始能支領養老年金給付。

被保險人請領養老年金給付者，其每月退休（職、伍）給與，加計每月可領養老年金給付之總和，不得超過其最後在職加保投保俸（薪）額二倍之一定百分比。

被保險人死亡時，給與其遺族一次死亡給付或遺屬年金給付。在一次死亡給付，因公死亡者，給與三十六個月；病故或意外死亡者，給與三十個月；但繳付保險費二十年以上者，給與三十六個月。在遺屬年金給付，係依平均保俸額，以保險年資滿一年，按百分之零點七五給付率計算，最高以給付百分之二十六點二五為限。

如被保險人加保年資未滿十五年而因公死亡者，其遺屬請領遺屬年金給付時，得以十五年計給。得請領公保死亡給付之遺屬，除亡故被保險人之配偶外，依序為子女、父母、祖父母、兄弟姐妹，但請領遺屬年金給付者，以具中華民國國籍者為限。

前開所稱因執行公務或服兵役致成失能者及因公死亡者，指具有下列七款情事之一，且具有相當因果關係者而言：

1. 因執行職務發生危險；

2. 因公差遭遇意外危險或罹病；

3. 因辦公往返或在辦公場所遇意外危險；

4. 奉召入營或服役期滿，在往返途中遇意外危險；

5. 於執行職務、服役、公差、辦公場所，或因辦公、服役往返途中，猝發疾病；

6. 因盡力職務，積勞過度；

7. 在服役期內，因服役而積勞過度，或在演習中遇意外危險。

又，被保險人之眷屬因疾病或意外傷害而致死亡者，給與眷屬喪葬津貼。父母及配偶死亡者，給與三個月；年滿十二歲未滿二十五歲之子女死亡者，給與二個月；但已為出生登記而未滿十二歲者，給與一個月。

至於被保險人加保年資滿一年以上，養育三足歲以下子女，辦理育嬰留職停薪並選擇繼續加保者，得請領育嬰留職停薪津貼。此

項津貼自留職停薪之日起按月發給，最長發給六個月；但留職停薪期間未滿六個月者，以實際留職停薪之月數或日數計算發給。

此外，被保險人繳付保險費滿二百八十日後分娩，或滿一百八十一日後早產者，給與二個月生育給付。如為雙生以上者，按比例增給之。

十、因公傷亡慰問金請求權

依公務人員保障法第21條第2項規定，公務人員因公受傷、失能或死亡者，應發給慰問金；但該公務人員有故意或重大過失情事者，得不發或減發慰問金。依該條第3項授權，考試院復會同行政院訂定發布公務人員因公傷亡慰問金發給辦法，據以執行。

依公務人員因公傷亡慰問金發給辦法規定，公務人員如執行職務發生意外、公差遇險或在辦公場所發生意外，以致因公受傷、失能、死亡者，應發給慰問金。

在受傷慰問金部分，傷勢嚴重住院急救有生命危險者，發給新臺幣十萬元；傷勢嚴重住院有失能之虞者，發給新臺幣八萬元；傷勢嚴重連續住院三十日以上者，發給新臺幣四萬元；連續住院二十一日以上，未滿三十日者，發給新臺幣三萬元；連續住院十四日以上，未滿二十一日者，發給新臺幣二萬元；連續住院未滿十四日或未住院而須治療七次以上者，發給新臺幣一萬元；上情如係因冒險犯難所致者，再加百分之三十發給。

在失能慰問金部分，全失能者，發給新臺幣一百二十萬元；半失能者，發給新臺幣六十萬元；部分失能者，發給新臺幣三十萬元。如因執行危險職務所致全失能者，發給新臺幣二百三十萬元；

半失能者，發給新臺幣一百二十萬元；部分失能者，發給新臺幣六十萬元。如因冒險犯難所致全失能者，發給新臺幣三百萬元；半失能者，發給新臺幣一百五十萬元；部分失能者，發給新臺幣八十萬元。

在死亡慰問金部分，一般因公死亡者，發給其遺族新臺幣一百二十萬元；如因執行危險職務所致死亡者，發給其遺族二百三十萬元；如因冒險犯難所致死亡者，發給其遺族新臺幣三百萬元。

惟前開因公受傷、失能或死亡情事，如係公務人員故意所致者，不發給；如有重大過失者，減發百分之三十。

十一、退休及資遣請求權

公務人員任職達一定年資與年齡後，從職場退下，而由國家給與一定金額之報酬，俾使其安享晚年生活，謂之退休。依公務人員退休法規定，公務人員之退休，分自願退休、屆齡退休與命令退休3種。另外，資遣亦有提前退休之意味。

公務人員任職滿五年以上，年滿六十歲者（如為危險及勞力職務經認定者得酌予降低，但不得少於五十歲），或任職滿二十五年者，應准其自願退休。惟如配合機關裁撤、組織變更或業務緊縮並依法令辦理精簡時，只要任職滿二十年以上者，或任職滿十年以上，年滿五十歲者，或任本職務最高職等年功俸最高級滿三年者，亦得准其自願退休。

公務人員任職滿五年以上，年滿六十五歲者，應予屆齡退休。對於擔任具有危險及勞力等特殊性質之職務，經銓敘部認定者，得酌予降低，但不得少於五十五歲。

公務人員任職滿五年以上，因身心障礙，致不堪勝任職務，繳有中央衛生主管機關評鑑合格醫院出具半殘廢以上之證明，並經服務機關認定不能從事本職工作，亦無法擔任其他相當工作，且出具證明者；或有具體事證而不願提出中央衛生主管機關評鑑合格醫院醫療證明，經依法定程序令其以病假治療，已逾請假期限仍不堪勝任職務或仍未痊癒者，均應予命令退休。惟如係因公傷病致身心障礙而不堪勝任職務者，不受任職五年以上年資之限制。

因機關裁撤、組織變更或業務緊縮而須裁減人員者；或現職工作不適任，經調整工作後仍未能達到要求標準，或已無其他工作可以調任者；或不符命令退休所定條件，但經中央衛生主管機關評鑑合格醫院證明身心衰弱，致不堪勝任職務者；或其他法規有規定者，即應予以資遣。

公務人員退休金之給與，計有一次退休金、月退休金、兼領二分之一之一次退休金與二分之一之月退休金（簡稱兼領月退休金）等3種。但任職未滿十五年，或屆齡延長服務，或起支年資年齡未達八五標準者，只能支領一次退休金。此外，尚有加發給本人之慰助金、退休年資補償金、退休金其他現金給與補償金，以及改發給遺族之一次撫慰金或月撫慰金等情形。其在八十四年六月以前年資（即所稱舊制年資）所計算之給與，由政府編列預算支給；在八十四年七月以後年資（即所稱新制年資）所計算之給與，由公務人員退休撫卹基金支給之。

一次退休金之計算，在舊制年資，係以退休人員最後在職之本（年功）俸及本人實物代金為基數，任職滿五年者，給與九個基數，以後每增半年加給一個基數；滿十五年後，另行一次加發兩個基數，但最高以六十一個基數為限；並一律加發兩年眷屬補助費及眷實物代金。在新制年資，係以退休生效日在職同等級人員本（年

功）俸加一倍爲基數內涵，每任職一年給與一又二分之一個基數，最高三十五年給與五十三個基數。未滿一年者，每一個月給與八分之一個基數；未滿一個月者，以一個月計。但民國八十四年七月一日以後初任公務人員且服務逾三十五年者，自第三十六年起每年增給一個基數，但最高給與六十個基數爲限。

月退休金之計算，在舊制年資，除本人及眷屬實物代金、眷屬補助費十足發給外，任職滿十五年者，按月照在職同等級人員本（年功）俸百分之七十五給與，以後每增一年，加發百分之一，但以增至百分之九十爲限。在新制年資，亦以在職同等級人員之本（年功）俸加一倍爲基數內涵，每任職一年，照基數內涵百分之二給與，最高三十五年，給與百分之七十爲限。未滿一年者，每一個月照基數內涵六百分之一給與。未滿一個月者，以一個月計。但民國八十四年七月一日以後初任公務人員且服務逾三十五年者，自第三十六年起，每年增給百分之一，以增至百分之七十五爲限。

至於兼領二分之一之一次退休金與二分之一之月退休金人員，乃依其應領之一次退休金與月退休金比例計算之。資遣給與，則按一次退休金標準計算之。

退休人員退休所得，以月退休金及公保養老給付優惠存款每月利息計算，現職待遇以本（年功）俸加一倍計算，退休所得比率上限，核定退休年資二十五年以下者，以百分之七十五爲上限；以後每增一年，上限增加百分之二，最高增至百分之九十五。又所領退休所得，不得高於同等級現職人員待遇。

慰助金，係指配合機關裁撤、組織變更或業務緊縮，依法令辦理精簡而退休或資遣人員，所加發之金額。除屆齡退休者外，得最高一次加發七個月俸給總額之慰助金。加發慰助金之經費，由服務

機關編列預算支給。

撫慰金有一次撫慰金與月撫慰金兩種。如支領月退休金或兼領月退休金人員死亡時，應給與遺族一次撫慰金。一次撫慰金之發給，係以該公務人員經核定之退休年資、等級，按死亡時同等級現職人員本（年功）俸，計算其應領之一次退休金為標準，扣除已領之月退休金，補發其餘額，並依同等級現職人員本（年功）俸計算發給六個基數之撫慰金；其無餘額者亦同。惟如遺族為年滿五十五歲或因身心障礙而無工作能力之配偶，或未成年子女，或已成年因身心障礙而無謀生能力之子女，或父母，得按原領月退休金之半數或兼領月退休金之半數，改領月撫慰金。

退休年資補償金係因應退撫新制之實施，為彌補新制計算標準較低而給與之補償；亦有一次補償金與月補償金兩種。在退撫新制實施前已有任職年資未滿十五年，於新制實施後退休，其前後任職年資合計滿十五年以上擇領月退休金者，另按退撫新制實施前未滿十五年之年資為準，每減一年增給二分之一個基數之一次補償金，或增給基數二百分之一之月補償金。其補償金由各級政府編列預算支給。

又退撫新制實施前已有任職年資未滿二十年，於新制實施後退休，其前後任職年資合計滿十五年擇領月退休金者，依其在退撫新制實施後之年資，每滿六個月一次增發二分之一個基數之補償金，最高一次增發三個基數，至滿二十年止。其前後任職年資合計逾二十年者，每滿一年減發二分之一個基數之補償金，至滿二十六年者不再增減。其補償金由退撫基金支給。

主管機關核發退休金其他現金給與補償金的法源依據，是考試院與行政院會銜發布的公務人員退休金其他現金給與補償金發給辦

法。依該辦法規定，公務人員於59年7月2日以後，84年7月1日以前，依法退休、撫卹或資遣；或具有此段年資，於84年7月2日以後依法退休、撫卹或資遣者，以85年度現職人員俸級之本俸（年功俸）百分之十五爲補償金基數內涵，復以退撫新制實施前年資及方式計算其應領一次退休金之基數爲補償金基數，兩者相乘，即爲補償金總額。另86年度以前退休者，分3年及2年發給；在87年度以後退休、撫卹或資遣生效者，其補償金不再分二次或三次發給，而係於退休、撫卹或資遣時一次發給，原服務機關學校屬於中央者，其補償金由國庫支出，並以銓敘部或教育部爲支給機關；屬於地方者，則由各該級政府爲支給機關，並由其公庫支出。

公務人員如於留職停薪期間、停職期間、休職期間，或動員戡亂時期終止後涉嫌內亂罪、外患罪，尚未判刑確定，或不起訴處分尚未確定，或緩起訴尚未期滿；或涉犯貪污治罪條例或刑法瀆職罪章之罪，經第一審法院判處有期徒刑以上之刑；或依公務員懲戒法規定移送懲戒或送請監察院審查中；或其他法律另有特別規定之情形，均不得辦理其退休申請案。如有：褫奪公權終身；動員戡亂時期終止後，犯內亂罪、外患罪，經判刑確定；喪失中華民國國籍；或其他法律有特別規定等情事之一者，喪失其申請辦理退休、資遣之權利。

擇領或兼領月退休金人員，如有：褫奪公權尚未復權，再任由政府編列預算支給俸（薪）給、待遇或公費之專任公職，或由政府捐助（贈）之財團法人、行政法人、公法人職務，或政府暨所屬營業、非營業基金轉投資事業職務之情事者，應停止其領受月退休金之權利，至其原因消滅時恢復。如有：死亡、褫奪公權終身、動員戡亂時期終止後，犯內亂罪、外患罪，經判刑確定，喪失中華民國國籍等情事之一者，則喪失領受月退休金之權利。

支領或兼領月退休金人員死亡時，其遺族如有：褫奪公權終身；動員戡亂時期終止後，犯內亂罪、外患罪，經判刑確定；未具中華民國國籍等情事之一者，不得申請撫慰金。

請領退休金、撫慰金、資遣給與之權利，不得作為扣押、讓與或供擔保之標的。

請領退休金、資遣給與、離職退費、撫慰金等之權利，自請求權可行使之日起，因五年間不行使而當然消滅。

十二、撫卹金請求權

公務人員任職期間如因病故或意外死亡，或因公死亡者，國家依其死亡原因及任職年資，而給與其遺族一定金額之給付，即所謂撫卹金。撫卹係以公務人員在職死亡為基礎事實，撫卹金請求權屬於亡故公務人員遺族，故此一權利之本質與其他權利頗有差異。

公務人員遺族撫卹金，原則上由未再婚配偶領受二分之一；其餘按子女、父母、祖父母、兄弟姊妹之順序平均領受之。如公務人員生前預立遺囑，指定前揭遺族為撫卹金領受人者，從其遺囑。

依公務人員撫卹法規定，任職未滿十五年之公務人員病故或意外死亡者，給與其遺族一次撫卹金。每任職一年給與一又二分之一個基數，未滿一年者，每一個月給與八分之一個基數；未滿一個月者，以一個月計。如任職未滿十年者，每減一個月另加給十二分之一個基數。已領退休（職、伍）金或資遣給與者，其年資應合併計算；逾十年者不再加給。

任職滿十五年以上之病故或意外死亡人員，除每年給與五個基

數之年撫卹金外，其滿十五年部分，給與十五個基數之一次撫卹金。以後每增一年加給二分之一個基數，最高給與三十個基數。未滿一年者，每一個月給與二十四分之一個基數；未滿一個月者，以一個月計。基數內涵之計算，係以公務人員最後在職時之本（年功）俸加一倍為準；年撫卹金應隨同在職同等級公務人員之本（年功）俸調整支給之。

如係下列六款因公死亡之人員，另加給一次撫卹金。冒險犯難或戰地殉職者，另加給百分之五十；執行職務發生意外或危險，或公差遇險或罹病，或因防（救）災趕赴辦公發生意外或危險，以致死亡者，另加給百分之二十五；於執行職務、公差或辦公場所猝發疾病以致死亡者，另加給百分之十五；戮力職務，積勞過度，或因辦公往返，猝發疾病、發生意外或危險以致死亡者，另加給百分之十。

因公死亡人員任職未滿十五年者，以十五年計；冒險犯難或戰地殉職人員，任職滿十五年以上未滿三十五年者，以三十五年計。

遺族年撫卹金，自該公務人員死亡之次月起給與，其給與年限，冒險犯難或戰地殉職者，給與二十年；於執行職務發生意外或危險、公差遇險或罹病，或因防（救）災趕赴辦公發生意外或危險，以致死亡者，給與十五年；於執行職務、公差或辦公場所猝發疾病，或戮力職務，積勞過度，或因辦公往返，猝發疾病、發生意外或危險，以致死亡者，給與十二年；病故或意外死亡者，給與十年。又請領年撫卹金之遺族，如係無子（女）之寡妻（鰥夫）者，得給與終身；如係未成年子女，得繼續給卹至成年或取得學士學位止。

公務人員死亡時，其遺族如被褫奪公權終身，或動員戡亂時期

終止後犯內亂罪、外患罪，經判刑確定，或未具中華民國國籍等情事，即不得請領撫卹金。如遺族於領受年撫卹金期間發生上揭情事，亦喪失其年撫卹金領受權。如經褫奪公權尚未復權者，或通緝有案尚未結案者，停止其領受年撫卹金之權利，至其原因消滅時恢復。

請領撫卹金之權利及未經遺族具領之撫卹金，不得作為扣押、讓與或供擔保之標的。

請領撫卹金之權利，自請求權可行使之日起，因五年間不行使而當然消滅。

由上所述，可知公務人員在給與方面的權利，主要有俸給權、加班補償請求權、生活津貼補助請求權、支領年終工作獎金權、職務上使用公物公款及墊支費用償還請求權、安全及衛生防護請求權、健康維護權、公保給付請求權、因公傷亡慰問金請求權、退休及資遣請求權、撫卹金請求權等12種。不但權利的數量最多，也最為具體，且絕大多數都與錢財直接相關，明顯的與其他方面的權利有別。

丁、救濟方面的權利

所謂救濟，一般指用財物幫助災區或生活困難的人，（新編國語日報辭典，2011：794）在法制上則指人民的實體權利遭受侵害時，賦予其維護、保障權利的機制，俾資補救之意。諺云：有權利，即有救濟；又云：有救濟，斯為權利。關於權利救濟的主張，早期雖有法規維持說與權利保護說之辯，（蔡志方，1995：18）但始終無人質疑救濟的重要性。

　　救濟本身也是一種權利，屬於程序性的權利。關於公務人員救濟方面的權利，主要有8種，但以復審權與行政訴訟權二者最為正式，也最為重重要。

一、復審權

　　公務人員對於服務機關或人事主管機關所為有關公務人員身分、因身分而來的公法上財產請求權及其他重要權利之行政處分，如認為違法或顯然不當，致損害其權利或利益者，得依公務人員保障法規定提起復審。如對其依法申請之案件，於法定期間內應作為而不作為，或予以駁回，認為損害其權利或利益者，亦得提起請求該機關為行政處分，或應為特定內容行政處分之復審。非現職公務人員基於原公務人員身分之請求權，或公務人員遺族基於原該公務人員身分，所生之公法上財產請求權遭受侵害時，亦同。

　　復審應備具復審書，於行政處分達到之次日起三十日內，經由原處分機關向保訓會提起；該三十日法定期間之認定，係以原處分機關收受復審書之日期為準。即採所謂的到達主義，或稱收信主義。

　　原處分機關收受復審書後，應先行自我審查，如認為復審有理由者，得自行變更或撤銷原行政處分，並函知保訓會。如不依復審人之請求變更或撤銷原行政處分者，應自收到復審書之次日起二十日內，附具答辯書，並將必要之關係文件，一併送保訓會。

　　保訓會應於收受原處分機關檢卷答辯之次日起三個月內為復審決定，如有補正、補送或補具理由者，自補正、補送或補具理由之次日起三個月內為復審決定。必要時得予延長，並通知復審人；延長以一次為限，最長不得逾二個月。

　　復審人不服保訓會之復審決定者，得於復審決定書送達之次日
起二個月內，依法向該管司法機關提起行政訴訟。如未於二個月內
依通常程序請求救濟，該復審決定即告確定。

二、申訴與再申訴權

　　公務人員對於服務機關所為之管理措施或有關工作條件之處
置，認為不當，致影響其權益者，得依公務人員保障法規定提起申
訴、再申訴。公務人員離職後，始接獲原服務機關之管理措施或處
置者，亦得提起。

　　申訴應備具申訴書，於管理措施或處置達到之次日起三十日內
向服務機關提起。服務機關應於三十日內詳備理由函復，必要時得
延長二十日，並通知申訴人。不服申訴函復者，得於申訴復函送達
之次日起三十日內，向保訓會提起再申訴；如逾期未函復者，則得
逕提再申訴。保訓會應於收受再申訴書之次日起三個月內為再申訴
決定，必要時得延長一個月，並通知再申訴人。

　　保訓會再申訴決定為申訴程序之終局決定，再申訴決定即告確
定，再申訴人不得再依通常程序提起救濟。

三、申請再審議權

　　復審決定或再申訴決定確定後，雙方當事人本不得再行爭執，
惟為保留日後在特殊情況下仍有救濟的機會，遂明定原處分機關、
服務機關或復審人、再申訴人發現有：1.適用法規顯有錯誤者；2.決
定理由與主文顯有矛盾者；3.決定機關之組織不合法者；4.依本法應
迴避之委員參與決定者；5.參與決定之委員關於該復審事件違背職
務，犯刑事上之罪者；6.復審之代理人或代表人，關於該復審有刑事

上應罰之行為，影響於決定者；7.證人、鑑定人或通譯就為決定基礎之證言、鑑定或通譯為虛偽陳述者；8.為決定基礎之證物，係偽造或變造者；9.為決定基礎之民事、刑事或行政訴訟判決或行政處分，依其後之確定裁判或行政處分已變更者；10.發見未經斟酌之證物或得使用該證物者；但以如經斟酌可受較有利益之決定者為限；11.原決定就足以影響於決定之重要證物漏未斟酌者；這十一款情事之一者，得於復審決定或再申訴決定確定後三十日之不變期間，向保訓會申請再審議；但再審議之理由知悉在後者，自知悉時起算。惟如自確定時起已逾五年者，則不得提起。

四、申請調處權

復審事件或再申訴事件審理中，保訓會得依職權或依申請，邀請機關代表與復審人、再申訴人進行調處。調處乃調解、和解之意；調處成立應作成調處書，用以代替復審決定書或再申訴決定書，具有拘束雙方的效果；調處不成立者，仍應續行復審或再申訴程序，並作成決定。

五、因公涉訟輔助請求權

公務人員依法執行職務而涉訟時，其服務機關應輔助其延聘律師為其辯護及提供法律上之協助。所稱涉訟，指依法執行職務而涉及民事、刑事訴訟事件；在民事訴訟為原告、被告或參加人；在刑事訴訟偵查程序或審判程序為自訴人、告訴人、犯罪嫌疑人或被告。所稱輔助，係指服務機關為公務人員延聘律師，或公務人員自行延聘律師後，向服務機關申請涉訟輔助。輔助事項包括法律諮詢、文書代撰、代理訴訟、辯護、交涉協商及其他法律事務上之必要服務。其自行延聘律師者，應以申請書敘明涉訟輔助之事由，並檢具證明文件，向服務機關申請核發延聘律師之費用；服務機關應

於一個月內作成決定，必要時得再延長一個月，並通知申請人。其輔助金額，應檢據覈實報支，於偵查每一程序、民事或刑事訴訟每一審級，不得超過前一年度稽徵機關核算執行業務者收入標準之兩倍；目前直轄市及市每一程序或審級最高輔助金額爲新臺幣8萬元，其他各縣最高輔助金額爲新臺幣7萬元。

公務人員如與其服務機關涉訟者，不得給予涉訟輔助。又公務人員之涉訟，係因其故意或重大過失所致者，則不予輔助；如服務機關已支付涉訟費用者，應予追還。

涉訟輔助費用請求權，自得申請之日起，因十年間不行使而消滅；但因不可抗力之事由，致不能行使者，自該請求權可行使時起算。

六、訴願及申請再審權

訴願權是憲法賦予人民的權利。惟公務人員因其身分，或隨身分而來的公法上財產請求權，或其他重要權利受損，而有不服時，在公務人員保障法公布施行後，已不能再行提起訴願，而是提起復審；故復審有「特別的訴願」或「人事的訴願」之稱。

不過，依目前法制，雖因公務人員身分而受到不利益之處分，但並非本機關或上級機關所爲之人事行政處分時，依該特別法規定，仍許提起訴願，以資救濟。例如違反公職人員財產申報法、公職人員利益衝突迴避法、臺灣地區與大陸地區人民關係條例等規定，被監察院、法務部或其他主管機關處以罰鍰，而有所不服時，依法即可提起訴願。又依公務人員保障法第102條第2項規定，應各種公務人員考試錄取參加訓練之人員，不服保訓會所爲之行政處分者，改依訴願法規定行之；以免該會遭致「球員兼裁判」之不公正

性質疑。

　　所謂訴願，係指人民對於中央或地方機關之行政處分，認為違法或不當，致損害其權利或利益者，依訴願法規定所提起之救濟措施。原則上係向原處分機關之上級機關提起訴願，但不服中央各院之行政處分者，向原院提起訴願。訴願應備具訴願書，於行政處分達到或公告期滿三十日內為之。

　　有管轄權之機關收受訴願書後，應由訴願審議委員會審議，並於三個月內為訴願決定。必要時得予延長一次，最長不得逾二個月，並通知訴願人。

　　訴願人如不服訴願決定者，得於訴願決定書送達之次日起二個月內向行政法院提起行政訴訟，如未於二個月內依通常程序提起行政訴訟，該訴願決定即告確定。

　　訴願決定確定後，訴願人、參加人或其他利害關係人如發現有：1.適用法規顯有錯誤者；2.決定理由與主文顯有矛盾者；3.決定機關之組織不合法者；4.依法令應迴避之委員參與決定者；5.參與決定之委員關於該訴願違背職務，犯刑事上之罪者；6.訴願之代理人，關於該訴願有刑事上應罰之行為，影響於決定者；7.為決定基礎之證物，係偽造或變造者；8.證人、鑑定人或通譯就為決定基礎之證言、鑑定為虛偽陳述者；9.為決定基礎之民事、刑事或行政訴訟判決或行政處分已變更者；10.發見未經斟酌之證物或得使用該證物者；這十款情事之一者，得於訴願決定確定三十日內向原訴願決定機關申請再審。但再審之事由發生在後或知悉在後者，自知悉時起算。

七、行政訴訟及再審之訴權

公務人員如不服保訓會所為之復審決定或訴願管轄機關所為之訴願決定，依通常程序，可於該復審決定書或訴願決定書到達之次日起二個月內向行政法院提起行政訴訟。

提起行政訴訟，應按件徵收裁判費新臺幣四千元，適用簡易訴訟程序之事件，徵收裁判費二千元；上訴，另加徵裁判費二分之一，原則上由敗訴之當事人負擔。

行政訴訟分二個審級，通常以高等行政法院為第一審程序，但適用簡易訴訟程序之事件，如關於公法上財產關係之訴訟，其標的金額在新臺幣四十萬元以下者，則以地方法院行政訴訟庭為第一審管轄法院。起訴應檢具訴狀，並附訴願決定書或復審決定書。行政法院於調查證據，並經言詞辯論及書面審理後，除和解者外，均應做成裁判，包括針對程序爭執之裁定、審理過程中各種攻擊或防禦方法、請求原因及數額已達可判決程度之中間判決，以及予以撤銷、駁回或給付等之終局判決。

對於高等行政法院之終局判決，除法律另有規定者外，得上訴於最高行政法院；惟上訴審程序，不得為訴之變更、追加或提起反訴。提起上訴，應於高等行政法院判決送達後二十日之不變期間內為之；但宣示或公告後送達前之上訴，亦有效力。提起上訴，應備具上訴狀，具明上訴理由及必要證據。上訴不合法者，最高行政法院應以裁定駁回之；如認上訴為無理由者，應為駁回之判決；如認上訴為有理由者，就該部分應廢棄原判決。除別有規定外，經廢棄原判決者，應將該事件發回原高等行政法院或發交其他高等行政法院，該法院應以最高行政法院所為廢棄理由之法律上判斷為其判決基礎。

行政法院判決後，除已依上訴主張其事由，或知其事由而不主張者外，當事人如發現有：1.適用法規顯有錯誤；2.判決理由與主文顯有矛盾；3.判決法院之組織不合法；4.依法律或裁判應迴避之法官參與裁判；5.當事人於訴訟未經合法代理或代表；6.當事人知他造之住居所，指為所在不明而與涉訟；但他造已承認其訴訟程序者，不在此限；7.參與裁判之法官關於該訴訟違背職務，犯刑事上之罪；8.當事人之代理人、代表人、管理人或他造或其代理人、代表人、管理人關於該訴訟有刑事上應罰之行為，影響於判決；9.為判決基礎之證物係偽造或變造；10.證人、鑑定人或通譯就為判決基礎之證言、鑑定或通譯為虛偽陳述；11.為判決基礎之民事或刑事判決及其他裁判或行政處分，依其後之確定裁判或行政處分已變更；12.當事人發現就同一訴訟標的，在前已有確定判決或和解或得使用該判決或和解；13.當事人發現未經斟酌之證物或得使用該證物；但以如經斟酌可受較有利益之裁判為限；14.原判決足以影響於判決之重要證物漏未斟酌；這十四款情事之一者，得以再審之訴，對原確定終局判決之行政法院聲明不服。如確定終局判決所適用之法律或命令，經司法院大法官依當事人之聲請解釋為牴觸憲法者，其聲請人亦得提起再審之訴。再審之訴應於三十日之不變期間內提起；如已逾五年者，不得提起。

八、國家賠償請求權

依國家賠償法規定，公務員於執行職務行使公權力時，因故意或過失不法侵害人民自由或權利者；或公務員怠於執行職務，致人民自由或權利遭受損害者；或公有公共設施因設置或管理有欠缺，致人民生命、身體或財產受損害者，國家應負損害賠償責任。這也就是說受有損害之人民有國家賠償請求權。公務人員保障法第21條第1項亦明定：公務人員因機關提供之安全及衛生防護措施有瑕疵，

致其生命、身體或健康受損時，得依國家賠償法請求賠償。是公務人員除以人民身分請求國家賠償外，如符前揭規定，依其公務人員身分，亦有國家賠償請求權。

國家負損害賠償責任者，以金錢賠償為主，回復原狀輔之。賠償請求權自請求權人知有損害時起，因二年間不行使而消滅；自損害發生時起，逾五年者亦同。請求權人請求損害賠償時，應先以書面向賠償義務機關請求之；該機關應即與其協議。協議成立時，應作成協議書，該協議書得為執行名義。

賠償義務機關拒絕賠償，或自提出請求之日起逾三十日不開始協議，或自開始協議之日起逾六十日協議不成立時，請求權人得提起損害賠償之訴。但已依行政訴訟法規定，附帶請求損害賠償者，就同一原因事實，不得更行起訴。

承上所言，公務人員在救濟方面的權利，不外復審權、申訴與再申訴權、申請再審議權、申請調處權、因公涉訟輔助請求權、訴願及申請再審權、行政訴訟及再審之訴權、國家賠償請求權等8種。這些權利均屬第二次的權利，或曰備而不用的權利，若非主張其實體權利受到侵害，這些權利即派不上用場。顯然的，救濟權利與其他權利亦有明顯差別。

參、公務人員權利的特徵

任何事物，經與其他事物比較後，均可發現彼此的共通性與特殊性。所謂特殊性，也就是特徵。公務人員的主要權利內容及種類區分，已如上所述。從這些林林總總、性質不一的權利中，不難歸納得知其特徵，主要有下列五點：

（一）就來源言，法律是主要依據，但不是唯一

一般言之，權利與義務大致是相對的，基於法治國原則及公法上職務關係，公務人員的義務事項均已以法律規範，然而權利事項卻不一定以法律規定。雖然多數權利已以法律規定，但仍有少數停留在行政命令層次，如福利方面的權利即是。

（二）就性質言，有其專屬領域，非一般人民所能享有

公務人員的權利，既因身分與職務而來，在特別權力關係或公法上職務關係之下，自與基於一般統治關係而產生的一般人民權利有別；且有其專屬性，非一般人民所能享有。此與一般人民權利，如未特別限制公務人員享有者，公務人員仍然可以一般人民身分主張或行使的情況，顯然有所不同。

（三）就內容言，權利事項種類繁多，內容龐雜，除法律明定者外，各機關仍有裁量空間

公務人員的權利事項，如上所述可分四方面，共有32種之多，這些權利有具體的、概括的，有屬於實體的，也有屬於程序的，可謂內容龐雜、種類繁多，外人自不易瞭解。而這些權利除法律明定者，行政機關頂多只能進行羈束裁量外，其餘則可依各機關實際情形斟酌為之，仍有甚大的自由裁量空間。

（四）就效力言，少數權利可以放棄，多數權利不能放棄

權利與義務本為一體兩面，公務人員的義務具有強制性，不能不履行，基本上公務人員的權利也不能放棄，不過在無礙公益或妨礙他人，或因個人怠於行使的情況下，則例外允許放棄，如公保給付請求權。多數公務人員權利不能放棄，乃因與人事管理措施並

存，公務人員必須盡其義務，國家或各級政府也必須盡其責任。

（五）就趨勢言，原不注重權利，其後重視實體權利，現則強調救濟性權利

在專制或威權時代，國家對公務人員只要求義務，而不注重權利；但人事法制日趨健全完善後，實體權利即受到重視。不過光有權利而沒有保障機制，仍然不足以保證權利的享有；所以在民國85年保訓會成立後，救濟性權利即不斷的被強調。固然目前權利保障措施仍非十分周全完善，權利與義務之間也不見得平衡，不過權利事項仍在擴張之中，而過去只在意溫飽的價值觀，現則轉而強調尊嚴；這些明顯而巨大的改變，也都是顯而易見的趨勢。

要而言之，公務員權利確實有與其他權利不同的特徵；如上所言，當不難瞭解。正因為其與眾不同，所以公務人員權利是公務人員權利，自不可混淆不分。

表4.1　權利的種類區分

公務人員的權利分類	
分類標準	權利事項
權利內容	具體權利　或　概括權利
權利屬性	實體權利　或　程序權利
權利性質	經濟性權利　或　非經濟性權利　或　救濟性權利
權利來源	身分權利　或　職務權利
權利主張	不待主張即可享有的權利或必須申請始能享有的權利
權利資源	給予性權利　或　核可性權利
權利事實	經常性權利　或　一次性權利　或　偶發性權利

表4.2　公務人員權利的內涵

公務人員權利的內涵			
任免方面的權利	考訓方面的權利	給與方面的權利	救濟方面的權利
任職權 參加升官等考試權 陞遷權 使用官銜職稱權 辭職請求權	參加考績權 受獎勵權 參加訓練進修權 請假休假權 參與政治活動權 團結及協議權 不受違法命令保障權	俸給權 加班補償請求權 休假補助費請求權 生活津貼補助請求權 支領年終工作獎金權 安全及衛生防護請求權 職務上使用公物公款及墊支費用償還請求權 健康維護權 公保給付請求權 因公傷亡慰問金請求權 退休及資遣請求權 撫卹金請求權	復審權 申訴與再申訴權 申請再審議權 申請調處權 因公涉訟輔助請求權 訴願及申請再審權 行政訴訟及再審之訴權 國家賠償請求權

第五章

公務人員義務

如上所述，公務人員是一群特殊的社會階級，擁有一定的知識，享有職掌事項的權力，也是國家統治機器的組成分子，直接或間接代表國家行使公權力，其身分與職務當然與一般人民有別。

然而公務人員也是全體人民的一部分，公務人員身分的前提要件是具有該國的國籍，成為該國的人民，並在達成一定的資格條件，經過法定的任用程序後，才能成為公務人員。撇開職務不談，也一樣具有人民的身分，與一般人民並無殊異之處，同受國家法律的約束與限制，也在國家法律保障之下生活。顯然的，公務人員的職業雖然特殊，卻不能自外於社會人群。公務人員基於一般人民的身分，一樣可以享有國家賦予的公法權利，如行使選舉投票權、要求接受國民教育權等，也應履行國家要求的公法義務，如依法納稅、服兵役等。此外，基於相對的關係，一樣享有私法上的權利，也應負擔私法上的義務。

大致言之，公務人員的義務與權利均為公法所規範，其性質泰半屬公法上的權利與義務，基本上不涉及人民私法上的權利與義務。這也就是說公務人員的義務與權利，主要是針對人民公法上的權利義務加以限縮、擴張或改變，公務人員在公法上的權利與義

務，因此有別於一般人民。一般人民享有的公法權利，例如依法罷工、組織工會、從事輔選或助選活動等，公務人員都受到相當程度的限制；然而卻也享受一些一般人民所不能主張的公法權利，例如依法領取俸給、退休金或撫卹金等。至於一般人民應履行的公法義務，公務人員大致上應依法履行，並無不同。

壹、公務人員義務的分類

有關義務的種類，最常見的區分方式是分為公法上的義務與私法上的義務兩種。私法上的義務按其內容為標準，可分為積極義務與消極義務兩者；按其義務之關係，則可分為主義務與從義務兩者；（鄭玉波，1980：14）若按其性質，亦可分為一般義務與特定義務兩種。（施啟揚，1984：35）當前公務人員應負的主要義務，雖然都是公務人員無可推諉的，必須盡到的「職責」，然而這些義務的性質皆屬公法上的義務，與私法上的義務究有差別，彼此之間亦各有所不同，並非一致。爰按其性質，加以分類說明如次：（如表5.1）

（一）就義務性質言，可分為一般義務與特別義務

所謂一般義務，係指基於人民身分對國家應負擔的普遍義務，例如忠實、遵守法令的義務，不獨公務人員應該履行，即連一般人民也應履行，只是公務人員應該負擔更多的、更嚴格的要求。至於特別義務，是指專屬於公務人員或特定公務人員的義務，只有具備公務人員或特定公務人員的身分，才有履行義務的可能性；如不具備，則根本沒有履行義務的能力，例如執行職務、嚴守秘密、申報財產、行政中立的義務等。

（二）就義務來源言，可分為傳統範圍的義務與新增事項的義務

　　所謂傳統範圍的義務，是指長久以來公務人員應遵守的義務事項，主要係指公務員服務法規定的忠實、執行職務、服從命令、嚴守秘密、保持品格、不為一定行為等六種義務，這些義務具有普遍性，全國公務人員同受拘束。而新增事項的義務是指隨著政經情勢變遷的需要，增加對公務人員的義務要求，例如申報財產、利益衝突迴避、行政中立等義務，這些義務通常在人或事方面有其特殊性。

（三）就義務對象言，可分為對國家的義務與對人民的義務

　　公務人員為國家利益，對國家負有義務；為社會公義與人民權益，對人民負有義務。公務人員是國家任用的人員，人民是國家的主人，而國家則是公務人員的僱主，因此公務人員的所有義務，很難截然劃分到底是對國家或是對人民的義務。理論上言之，都是直接對國家的義務，也是間接對人民的義務。從身分基礎出發，公務人員義務偏向國家；但若從職務立場來看，就偏向與其職掌相關的人民，兩者仍略有不同。不過兩者的區分是相對的，並非絕對的。

（四）就義務屬性言，可分為概括義務與具體義務

　　所謂概括義務，是指義務的內容較為抽象籠統，且不完全確定，雖知有義務，卻難界定其義務的範圍；基於身分關係產生的義務，大體皆屬之，如不為一定行為的義務即是。具體義務是指義務的內容明確不含糊，可以具體得知的，例如申報財產、參加公保及退撫基金之義務，即屬非常明確的具體義務。

（五）就義務內容言，可分為品德義務與工作義務

初任公務人員之進用，率皆以考試方式定其資格，然而考試只能測試其學識能力，而無法測試其品德情操，因此公務員服務法對於公務人員之義務規範，大體集中於廣義的品德義務。所謂品德義務，係指國家對公務人員在品行方面要求負擔的義務，例如忠實、守密、不為一定行為、利益衝突迴避、申報財產等義務即是。所謂工作義務，係指國家對公務人員在工作方面要求負擔的義務，如公務人員應執行職務、服從命令的義務，即與工作有關。

（六）就義務作為言，可分為作為義務與不作為義務

所謂作為義務，是指應積極去做某一件事情，才算盡到義務；所謂不作為義務是指消極的不能去做某一件事情，如果去做，便是違背義務，不作為復有單純不作為與容忍兩種情形。公務人員的義務，絕大多數皆屬作為義務，不過也有屬於不作為義務者，例如保守秘密，不為一定行為之義務即是，而利益衝突迴避、行政中立的義務內容中，也有許多屬於不作為義務的範疇。（劉昊洲，2008：118）

要之，公務人員的義務固然不少，若按不同的標準加以區分，大致可分為以上六類。不過這些區分只是相對的，而非絕對的。明乎此，當有助於瞭解公務人員義務的面貌矣！

貳、公務人員義務的內涵

承前所言，義務是本於身分與職務而應有的承擔與作為，公務人員本於其與國家的公法上職務關係，既有一定的職權，享有一定

的權利，當然也應履行一定的義務，承擔一定的責任。這其中尤以義務最為關鍵，因為國家設立政府機關的本意就是治理與服務人民；如果公務人員不盡其執行職務等各項義務，政府機關也只是空殼子而已。在公務人員林林總總的各種義務中，大致上可區分為一般服務與特定職務兩大區塊。（如表5.2）

甲、一般服務的義務

公務人員一般服務的義務，主要是指依公務員服務法規定，所有公務人員均應遵守的普遍性義務，無人可以例外。此外依特別法律規定，如公務人員行政中立法、公務人員交代條例等，公務人員對於法律所定的特別事項，亦有遵行的義務。就此而言，公務人員應負的一般服務義務計有忠實等12項義務。

一、忠實的義務

公務人員應對國家忠誠，也要忠於自己從事的職務。在執行職務之際或相關場合，應根據一己判斷，為最有利於國家之行動。公務員服務法第1條規定：「公務員應遵守誓言，忠心努力，依法律命令所定，執行其職務。」其上半段即為忠實之義務。另依宣誓條例規定，一定層級以上之公務員須於「就職時宣誓」。此一義務亦可謂「忠誠」或「盡忠職守」之義務，既是構成其他義務的基礎，也是公務人員對國家所負最重要的義務。

二、執行職務的義務

公務人員的義務隨任職而當然發生，國家任用各種公務人員的目的，在於本其職責以管人治事，故公務人員的首要義務，即為執行職務。所謂執行職務，係指公務人員依法令規定或長官指示，執

行其分派工作之謂。公務人員執行職務除應力求切實外，應注意：1.依限到職：接奉任狀後，除程期外，應於一個月內就職。但具有正當事由，經主管高級長官特許者，最多得延長一個月。2.遵守時間：即公務人員辦公，應依法定時間，不得遲到早退；惟如有特別任務經長官許可者，不在此限。3.躬親執行：即應親自執行職務，非依法令不得委託或委請他人代為行使。4.不得擅離職守：即公務人員未奉長官核准，不得擅離職守，其出差者亦同。又除因婚、喪、疾病、分娩或其他正當事由外，不得請假。5.不得兼營其他事業：即除法令所定外，不得兼任他項公職或業務；其依法令兼職者，不得兼薪及兼領公費。

三、服從命令的義務

　　行政組織具有層級節制的特色，上級機關或人員有指揮監督下級機關或人員之權。在公務人員體系中，除法官應依據法律獨立審判，及其他依法應獨立行使職權之職務外，一般公務人員執行職務，在隸屬關係之下，在職務範圍內，均須接受上級之指揮監督，負擔服從命令的義務。惟公務人員服從命令，是否應以有效之職務命令為限？如命令的內容違反法規，有無服從之義務？歷來有四種學說並陳，即：1.絕對服從說，2.絕對不服從說，3.相對服從說，4.意見陳述說。

　　依公務員服務法第2條規定：「長官就其監督範圍以內所發命令，屬官有服從之義務；但屬官對於長官所發命令，如有意見，得隨時陳述。」顯見我國係採意見陳述說。此一規定與德國、奧地利公務員負有陳述或報告義務之情形，大致相當。（吳庚，1995：222）其規範精神，表面觀之，與相對服從說之意旨相似，惟其結果仍與絕對服從說一致。又，公務人員保障法第17條規定：公務人員對於長官監督範圍內所發之命令有服從義務，如認為該命令違法，

應負報告之義務；該長官如認其命令並未違法，而以書面署名下達時，公務人員即應服從；其因此所生之責任，由該長官負之。但其命令有違反刑事法律者，公務人員無服從之義務。而刑法第21條第2項規定：「依所屬上級公務員命令之職務上行為，不罰；但明知命令違法者，不在此限。」據此而言，則公務人員如對違反刑事法律之命令服從的結果，仍須自負其刑責。此外，關於服從命令的義務，公務員服務法第3條尚規定：「公務員對於兩級長官同時所發命令，以上級長官之命令為準；主管長官與兼管長官同時所發命令，以主管長官命令為準」。依此項規定，亦足以提示下級機關及人員履行服從命令義務的準則，並顯示對隸屬系統的尊重。

四、嚴守秘密的義務

政府機關辦理之各種業務，往往涉及國家利益、人民權益或隱私，除依政府資訊公開法、行政程序法與檔案法等法律規定應予公開或提供者外，在決策及執行過程中均不宜對外公開，以免發生不良影響與後果。關於公務的處理及資料的蒐集保管，法令設有機密等級的劃分，要求參與人員及其他相關人員保守秘密，不能逕自對外發表意見，是為公務人員嚴守秘密的義務。按各國法規多明定公務人員有嚴守秘密的義務，並以違反該義務作為追究刑事責任或懲戒責任之事由，我國亦然。公務員服務法第4條規定：「公務員有絕對保守政府機關秘密之義務，對於機密事件，無論是否主管事務，均不得洩漏，退職後亦同。公務員未得長官許可，不得以私人或代表機關名義，任意發表有關職務之談話。」此即公務人員應嚴守秘密的主要規定。

五、保持品格的義務

公務人員直接或間接代表國家執行公務，其形象足以影響政府

威信，故負有保持品格之義務。公務員服務法第5條規定：「公務員
應誠實清廉，謹慎勤勉，不得有驕恣貪惰、奢侈放蕩及冶遊賭博、
吸食煙毒等，足以損失名譽之行為。」此即在敦促公務人員保持良
好品德與情操，以維護公務人員的良好形象及人民對於政府的信
賴。

六、不為一定行為的義務

公務人員因職務關係，享有一定之公權力，為避免公務人員利
用職權，發生違法舞弊情形；或從事有悖於公務人員關係特性的活
動，公務員服務法、公務員兼任非營利事業或團體受有報酬職務許
可辦法及相關法令，已明定公務人員在職期間，不得從事下列各種
行為：

1. 不得經營商業或投機事業。但投資於非屬其服務機關監督之
   事業為有限責任股東，未逾公司股本總額百分之十者，不在
   此限。

2. 除法令所定外，不得兼任他項公職或業務；亦不得兼公營事
   業機關或公司代表官股之董事或監察人。

3. 不得向屬官推薦人員，或徇情關說及請託。

4. 不得與有隸屬關係者贈受財物；於所辦事件，不得收受任何
   餽贈。

5. 不得與職務有關係者，私相借貸，訂立互利契約，或享受其
   他不正利益。

6. 不得假借權力，以圖本身或他人之利益，並不得利用職務上之機會，加損害於他人。

7. 不得利用視察或調查等機會，接受地方官民之招待或餽贈。

8. 執行職務時，遇有涉及其本身或其家族之利害事件，應行迴避。

9. 不得罷工、怠工及組織工會。

10. 非經服務機關或上級主管機關之許可，不得兼職。

11. 於離職後三年內，不得擔任與其離職前五年內之職務直接相關之營利事業董事、監察人、經理、執行業務之股東或顧問。

　　以上十一項，即為公務人員不得為一定行為之義務；如有違反者，自應承擔違反義務之責任。

七、行政中立的義務

　　依公務人員行政中立法規定，公務人員及準用人員有遵守行政中立規範之義務。該法除宣示公務人員應依法行政、執行公正外，旨在適度規範其參與政治活動之權利。

　　關於行政中立義務，主要採取上班限制、職務限制與身分限制等三重限制。所稱上班限制，係指公務人員除依其業務性質，屬執行職務之必要行為外，不得於上班或勤務時間，從事政黨或其他政治團體之活動。所稱職務限制，係指公務人員不得利用職務上之權

力、機會或方法，從事以下行為：1.介入黨派紛爭；2.使他人加入或不加入政黨或其他政治團體；3.要求他人參加或不參加政黨或其他政治團體有關之選舉活動；4.為政黨、其他政治團體或擬參選人要求、期約或收受金錢、物品或其他利益之捐助；5.阻止或妨礙他人為特定政黨、其他政治團體或擬參選人依法募款之活動；6.要求他人於公職人員選舉、罷免或公民投票時，不行使投票權或為一定之行使。

至所謂身分限制，係指公務人員不論是否上、下班時間，有無執行職務，或在放假、請假、休假、留職停薪、停職、休職期間，皆不得兼任政黨或其他政治團體之職務；不得兼任公職候選人競選辦事處之職務；亦不得為支持或反對特定之政黨、其他政治團體或公職候選人，從事下列行為：1.動用行政資源編印製、散發、張貼文書、圖畫、其他宣傳品或辦理相關活動；2.在辦公場所懸掛、張貼、穿戴或標示特定政黨、其他政治團體或公職候選人之旗幟、徽章或服飾；3.主持集會、發起遊行或領導連署活動；4.在大眾傳播媒體具銜或具名廣告；但公職候選人之配偶及二親等以內血親、姻親只具名不具銜者，不在此限；5.對職務相關人員或其職務對象表達指示；6.公開為公職候選人站台、助講、遊行或拜票；但公職候選人之配偶及二親等以內血親、姻親，不在此限。

又，公務人員登記為公職候選人者，自候選人名單公告之日起至投票日止，應依規定請事假或休假；長官不得拒絕。各機關首長或主管人員於選舉委員會發布選舉公告日起至投票日止之選舉期間，應禁止政黨、公職候選人或其支持者之造訪活動；並應於辦公、活動場所之各出入口明顯處所張貼禁止競選活動之告示。

八、繳納公保費的義務

公教人員保險之保險項目，原包括現金給付與免費醫療兩大部

分，但民國84年3月全民健康保險開辦後，免費醫療已被併入，故目前公保僅餘其中的現金給付；因此其保險費率自應配合調整。目前公教人員保險法明定保險費率爲被保險人每月保險俸給百分之七至百分之十五，自105年1月起實扣保險費率爲百分之八點八三；由被保險人自付百分之三十五，政府補助百分之六十五；一樣按月繳付，目前各機關的實務作法是於月初發薪時即代爲預扣繳交。

九、繳納退撫基金的義務

自民國84年7月1日公務人員退撫新制實施，我國公務人員退休撫卹經費的籌措，已由政府單方編列預算支應的恩給制，調整爲政府與公務人員雙方共同撥繳費用建立退休撫卹基金支給的儲金制。因此，公務人員應按月依一定比率繳納退撫基金，已是不容推諉的法定義務。

目前雙方共同撥繳之費用，係按公務人員本（年功）俸加一倍百分之十二至百分之十八之費率，政府撥繳百分之六十五，公務人員繳付百分之三十五；但繳付滿四十年後免再繳付。考量公教人員撥繳費率的衡平，目前公務人員與公立學校教師的撥繳費率均爲百分之十二。

十、離職交代的義務

交代，即一般所稱的交接或移交之意。公務人員離職時，應就其職務內經管之財務、文書及經辦事項切實移交給接辦人員，此即公務人員應負之離職交代義務。

依公務人員交代條例規定，公務人員交代分機關首長、主管人員、經管人員三級。各級人員於離職時，均應親自辦理移交，在監

交人員監交之下依法辦妥移交事項，並應於指定期日內移交完畢。後任人員接收完畢後，應與前任會銜呈報上級長官。各級人員逾期不移交或移交不清者，其上級機關或本機關首長，應以至多不過一個月之期限，責令交待清楚。

至派駐國外之卸任機關首長，除另有奉派之國外任務者外，應於交代清楚後三個月內回國，向其主管機關報告交待情形。

十一、遵守廉政倫理規範的義務

公務員不得請託關說或涉足不妥當場所，原則上亦不得接受與其職務有利害關係者之餽贈財物、飲宴應酬。與他人之正常社交禮儀，市價不得超過新臺幣三千元；同一年度來自同一來源受贈財物以新臺幣一萬元為限。雖與其職務有利害關係，但如係偶發而無影響特定權利義務之虞，且屬公務禮儀，或受贈財物市價在新臺幣五百元以下，或婚喪喜慶場合，受贈財物市價不超過正常社交禮儀之餽贈，得受贈之；其他均應予拒絕或退還，或三日內交政風機構處理。

十二、接受請託關說登錄的義務

依行政院及所屬機關機構請託關說登錄查察作業要點規定，公務員如遇有請託關說事件，應於三日內向所屬機關政風機構登錄；如未設置政風機構者，應向兼辦政風業務人員或首長指定之人員登錄。如未予登錄，經查證屬實者，應嚴予懲處。

要之，公務人員關於一般服務的義務，主要來自公務員服務法的規定、但除此之外，隨著新興法律或行政命令的規定，公務人員應遵守的一般性義務，也越來越多。就目前法規觀之，約有上述12

項義務，應不難掌握與瞭解。

乙、特定職務的義務

特定職務的義務，係指少數特定職務的公務人員依法律所應承擔的義務，此乃相對於一般服務的義務而言。就現行法律規定觀之，特定職務的義務主要有宣誓及遵守誓言的義務等3種。

一、宣誓及遵守誓言的義務

依宣誓條例規定，公職人員應於就職時宣誓，所稱公職人員係指民意代表、民選政府首長、政務官、簡任級主管、法官、檢察官、各級公立學校校長等職務。在公務人員部分，包括：中央政府各級機關首長、副首長及簡任第十職等以上單位主管人員、駐外大使、公使館公使、代辦、總領事、領事館領事或其他相當之駐外機構主管人員、各級法院法官、檢察機關檢察官、行政法院法官及公務員懲戒委員會委員及直轄市、縣（市）所屬各機關首長。

該條例第6條第2款明定，應宣誓之公職人員，誓詞為：余誓以至誠，恪遵國家法令，盡忠職守，報效國家，不妄費公帑，不濫用人員，不營私舞弊，不受授賄賂，如違誓言，願受最嚴厲之處罰，謹誓。

另依公務員服務法第1條及公務人員任用法施行細則第22條第1項規定，所有公務人員，除已依上開宣誓條例辦理者外，應於任職時以書面填具公務人員服務誓言一併送審。其誓言為：余誓以至誠，奉行憲法，恪遵政府法令，忠心努力，切實執行職務，不營私舞弊，不受授賄賂，如違誓言，願受最嚴厲處分。謹誓。惟此一服務誓言，乃對全體公務人員的概括規定，屬一般服務之義務，自非

特定職務之義務。

二、申報及信託財產的義務

依公職人員財產申報法第2條規定，總統、副總統等十三款公職人員、代理前開職務三個月以上人員、縣（市）級以上公職候選人，以及經所屬機關或上級機關政風單位調查後，有證據顯示其生活與消費顯超過其薪資收入而指定其申報財產之人員，均應申報財產。其屬公務人員部分，包括：各級政府機關之首長、副首長及職務列簡任第十職等以上幕僚長、主管；法官、檢察官、行政執行官；政風主管人員；經法務部會商各該中央主管機關指定範圍之司法警察、稅務、地政、會計、審計、建築管理、工商登記、都市計畫、金融監督暨管理、公產管理、金融授信、商品檢驗、商標、專利、公路監理、環保稽查、採購業務主管人員；以及代理上開職務三個月以上人員。

應申報財產之公職人員應於就（到）職三個月內申報財產，每年並定期申報一次；惟同一申報年度已辦理就（到）職申報者，免為該年度之定期申報。其於喪失應申報財產之身分起二個月內，亦應申報；惟如於申報期間再任應申報財產之公職人員時，得免除卸（離）職或解除代理申報。職務列簡任第十二職等或相當簡任第十二職等以上各級政府機關首長、本俸六級以上法官、檢察官等人員，受理申報機關為監察院；其他公務人員應向本機關、上級機關政風單位或指定單位申報。

應申報財產之範圍，包括：1.不動產、船舶、汽車及航空器；2.一定金額以上之現金、存款、有價證券、珠寶、古董、字畫及其他具有相當價值之財產；3.一定金額以上之債權、債務及對各種事業之投資。其屬配偶及未成年子女之上開財產亦應申報。

　　又依規定，總統、副總統及相關人員，應於就（到）職申報財產時，就其本人、配偶及未成年子女之不動產、國內上市、上櫃股票等財產信託予信託業。在公務人員部分，除因職務關係對所列不動產等具有特殊利害關係，而經主管院核定應辦理信託者外，原則上均不必辦理財產信託。

三、利益衝突迴避的義務

　　所謂利益衝突，係指公職人員執行職務時，得因其作為或不作為，直接或間接使本人或其關係人獲取利益之情形。應依法申報財產之公職人員，為免瓜田李下，致遭質疑或批判，依公職人員利益衝突迴避法規定，均負有利益衝突迴避之義務。

　　應迴避之利益，包括財產上利益與非財產上利益；財產上利益計有：動產、不動產；現金、存款、外幣、有價證券；債權或其他財產上權利；其他具有經濟價值或得以金錢交易取得之利益。非財產上利益，則指有利公職人員或其關係人於政府機關、公立學校、公營事業機構之任用、陞遷、調動及其他人事措施。應迴避之對象，除公職人員本人外，亦包括公職人員之關係人。所稱關係人，係指公職人員之配偶或共同生活之家屬、二親等以內親屬、彼等擔任負責人、董事、監察人或經理人之營利事業，以及信託財產之受託人。

　　公職人員利益衝突迴避的方法，包括自行迴避、命令迴避與申請迴避三種。公職人員知有利益衝突者，應即自行迴避，除停止執行該項職務外，並應以書面向財產申報機關報備。惟如服務機關或上級機關審認無須迴避者，得命其繼續執行職務。又服務機關或上級機關知所屬人員有應自行迴避而未迴避情事者，應命令其迴避。如公職人員有應自行迴避情事而不迴避者，利害關係人得向其服務

機關申請其迴避；如爲機關首長時，則向其上級機關申請。

綜上述之，公務人員在法律上應承擔的義務雖多且雜，但如就其內涵觀之，大致可分別爲一般服務的義務與特定職務的義務等兩大類，其中以規定於公務員服務法中的各種義務規定最爲普遍，也最爲重要。這些義務有的較抽象概括，有的則甚具體實在；但不論如何，皆對公務人員具有強而有力的規範與約束。公務人員如未能履行這些義務，勢將被課予一定的責任，因而產生不利益與不愉快的結果，由不得我們不去重視。

參、公務人員義務的特徵

公務人員的權利與義務既隨其身分與職務而來，則加諸其上的權利與義務必將如影隨形，無法揮別。不過有些權利可以拋棄，或因一定期間不行使而消滅；義務卻不能不履行，如不履行，則必須擔負違背義務的責任後果。義務與權利雖然相對，卻非完全對稱，其理至明。大體言之，義務具有四個特徵，即：1.爲法律關係的一部分，2.以一定的作爲或不作爲爲內容，3.具有法定的約束力及範圍，4.有特定應履行義務的人員。（張家洋，1993：211）而因公務人員的特別身分與職務，其所擔負的義務除這些特徵外，尚有其他特徵。經由前述對公務人員義務主要內涵與種類區分的論述中，不難歸納得知其特徵，主要有下列五點：

（一）法律規範性

有關人民的權利與義務，依中央法規標準法第5條規定，均應以法律定之。公務人員的權利，多數雖均以法律定之，惟仍有少數停留在行政命令的層次，如福利方面的權利即是。然而有關公務人員

的義務，係屬限制公務人員的行為，增加公務人員的負擔與不便，在法律保留原則之下，率皆有法律明文規範，無一例外。此一以法律規範的特性，在法治國雖屬正當與必要，然而因為我國法治程度尚不十分成熟，可謂得之不易，彌足珍貴。

（二）內容概括性

我國公務人員的傳統義務，在公務員服務法中多以抽象、訓示及概括的形式出現。抽象描述多過具體，宣示意義大於實際，概括說明超過列舉，內容籠統概括，界限並不明確，義務事項可大可小，說大甚大，說小則小。至於新增義務，如申報財產，雖然具體明確，然而利益衝突迴避與行政中立的義務，依然充滿概括與不確定性。因此可以說，公務人員義務的內容具有相當的概括性。

（三）客體不明確性

依各種不同法律規定，公務人員有廣狹不同之意義，但不論是何種公務人員，均依法負有各種法定義務，可以說其義務主體是確定的。然而所負義務之對象，也就是義務的客體，並不十分明確。既對國家，對社會大眾，也對業務往來的相對當事人，這些對象除當事人外，皆非明確具體的對象，只是虛擬的存在。正因為公務人員義務客體的不明確，因此一般人民對於公務人員是否盡到義務的感受，往往只是泛泛的，對於公務人員的監督自然難以著力。

（四）數量無限制性

在特別權力關係下，公務人員所負的義務是無限量的，沒有時間性的，只要國家認為有需要，透過長官的命令，即可在職責範圍內加諸公務人員許多義務。晚近由於公法上職務關係理論的抬頭，

公務人員義務雖均以法律定之，義務的範圍已較為明確，但義務之
數量，在業務需要的前提下，依然沒有減少許多，公務人員的義務
數量仍可謂具有甚高的無限制性。

（五）效果強制性

　　義務泰半均具有強制性，不過有些私法上的義務，在放棄相對
應權利的前提下，法律並不一定要求履行。但公法上的義務，特別
是公務人員應負的義務，只要有身分與職務存在，就一定要去履
行，絕對不能因為拋棄某些權利，而主張不履行義務，權利與義務
是不對等的。易言之，公務人員義務的效果具有莫大的強制性。

　　據上所述，公務人員的義務確實不同於其他，正因為這些不同
的特徵，構成公務人員義務的本質與面貌。而從這些特徵的探討
中，也就能更進一步掌握公務人員義務的精髓矣！

表5.1　義務的種類區分

公務人員的義務分類	
分類標準	義務事項
義務性質	一般義務 或 特別義務
義務來源	傳統範圍的義務 或 新增事項的義務
義務對象	對國家的義務 或 對人民的義務
義務屬性	概括義務 或 具體義務
義務內容	品德義務 或 工作義務
義務作為	作為義務 或 不作為義務

表5.2　公務人員義務的內涵

公務人員義務的內涵		
一般服務的義務		特定職務的義務
忠實	行政中立	宣誓及遵守誓言
執行職務	繳納公保費	申報及信託財產
服從命令	繳納退撫基金	利益衝突迴避
嚴守秘密	離職交代	
保持品格	遵守廉政倫理規範	
不為一定行為	接受請託關說登錄	

第六章

公務人員責任

　　所謂責任（responsibility or accountability），係指基於法律或倫理等規範，個人在份內應爲之事；如未做到或做好，即應承擔一定的後果之謂。人生在世，不論擔任何種職務，或擁有什麼身分，皆應擔負各種不同的、程度不一的責任，只是如年紀太小不懂事，或心神喪失、精神耗弱等特殊情事，可以免除或減輕其責，或由他人代負其責而已。

　　就語法言之，責任是名詞，負責則是動詞，即負起責任之意。若從動態角度觀之，責任可分爲生責、課責與究責三個階段。（如圖6.1）所謂生責，乃責任之所生，因具有一定事由而發生責任。所謂課責，乃對有責之人課予一定責任。所謂究責，乃對未負起一定責任之人，追究其行爲後果。生責可謂是責任之開端，課責是責任之必然要求，究責則是責任的結果，但不一定出現。如已履行義務，盡到責任；或雖未盡到責任，但有權之人不予追究，即無究責可言。一般所稱負責，其實就是課責，只是負責是從行爲人角度言之，課責則是從有權要求者而言。中國大陸政府機關近些年來興起的「問責制」，乃指課責與究責而言。

壹、公務人員責任的分類

如上所言，責任起於生責，繼之以課責，最後終於究責。公務人員責任亦是如此，乃因具有公務人員的身分與職務，因而應負一定的行政上義務；若有違反義務的情事，即可課予一定的法律責任。所指違反義務，包括違背法律、廢弛職務或其他失職行為。如有這些情事，即可依公務員服務法、公務人員考績法、公務員懲戒法及其他相關法規予以究責及處罰。若依公務人員考績法所定程序處罰者，一般稱之為懲處責任；如依公務員懲戒法所定程序處罰者，則稱為懲戒責任；這二者合稱為行政責任。再者，如依刑法及其他刑事法律予以究責處罰者，謂之刑事責任。如依民事法律追究責任者，稱為民事責任。如依其他行政法律追究其責任者，可籠統概括稱為其他法律責任。

就責任現況以觀，因為責任來源、責任所在、責任機制、責任性質、課責效力、責任範圍、責任對象、責任期間等不同標準，而有許多分類。茲說明如下：（如表6.1）

（一）依責任來源區分，可分為主觀責任與客觀責任

所謂主觀責任，乃個人內心主觀認為所應擔負的責任；客觀責任係指法令規章、上級交付或外在要求的應盡責任。通常主觀責任源於自己的經驗與認知，較為抽象籠統，往往因人而異。客觀責任來自於法律的、組織的、社會的需求，較為具體明確，有一致的標準可循。

（二）依責任所在區分，可分為內部責任與外部責任

所謂內部責任，是指在組織內部應承擔的責任；外部責任則指

對外應承擔的責任。內部責任與外部責任不完全一致，例如因公務人員個人之違失行為，可能造成機關之傷害，但因他人或長官之補救，最後機關沒有受到損傷；該公務人員雖無外部責任，但顯然應負內部責任。

（三）依責任機制區分，可分為正式責任與非正式責任

所謂正式責任，是指依法律或組織要求，具有體制上約束力的責任；非正式責任係指非體制上要求的責任。通常正式責任皆屬客觀責任，也具有嚇阻與處罰效果；至於非正式責任的態樣較多，也較偏向主觀責任。

（四）依責任性質區分，可分為工作責任、家庭責任與社會責任

所謂工作責任，是指因職場工作而產生的責任；家庭責任是因家庭親情生活而產生的責任；社會責任指對於社會的觀瞻與影響，所應承擔的責任。工作責任偏於公領域，多數工作與公眾利益相關，故有人亦將工作責任稱為公的責任。家庭責任偏於私領域，強調情感，以私利益為主，故亦有人稱之為私的責任。社會責任較為空泛，通常指向企業，除對員工與股東負有責任外，對社會大眾或社會公益亦有其責任。

（五）依課責效力區分，可分為法律責任與倫理道德責任

所謂法律責任，是指依法律規定應承擔的責任；倫理道德責任亦稱為道義責任，或倫理責任，乃指所作所為雖未達違法程度，但個人良心感到不安，社會有所物議批評，即生此一責任。通常法律責任都是正式責任，也是客觀責任。公務人員的責任追究，亦以法律責任為主。常見的法律責任有懲處責任、懲戒責任、刑事責任、

民事責任等4種。

（六）依責任範圍區分，可分為個別責任與集體責任

　　所謂個別責任，是指個人應承擔的責任，不涉他人，即坊間所云：「個人造業個人擔」之意；法律責任，除軍警主官（管）人員因監督屬員有所疏失，致生連帶處罰之極少數情形外，通常皆屬個別責任。集體責任乃指組織群體中的所有人員共同承擔責任之謂；通常只有政治責任或倫理道德責任的追究，始有集體責任可言。多數責任追究係以個別責任為主，但在一些特殊情形，如英國內閣總辭、我國行政院全面改組，即屬集體責任之承擔。

（七）依責任屬性區分，可分為職務上的責任與身分上的責任

　　所謂職務上的責任，亦有簡稱職責者，係指工作上的要求，因執行職務的違法、疏失或懈怠而課予之責任。所謂身分上的責任，係指違反身分上的義務，而此一義務不必然與職務有關者，所課予之責任，例如出入特種營業場所、未經許可而兼業或兼職等情形而追究之責任。由於身分大於職務的範圍，職務必依附於身分，故也有人認為職務上的責任可被身分上的責任所吸收，甚而認為此一區分沒有必要，亦不無道理。

（八）依責任對象區分，可分為對事的責任與對人的責任

　　所謂對事的責任，是指因事而引起的責任，如破壞國土、虐殺保育類動物等即屬之；所謂對人的責任，是因侮辱、傷害、攻擊、批判別人而引起的責任，如誹謗、妨害名譽、公然侮辱等即是。此一區分其實不易，因為很多責任追究，往往兩者兼而有之。

（九）依責任期間區分，可分為現在的責任與未來的責任

所謂現在的責任，是指目前已發生違失而應承擔的責任。所謂未來的責任，乃目前雖已有違失行為，但尚未發現，俟未來一段期間發現後始予追究的責任。基本言之，所有的責任都包含這兩種責任，不過為維持法的安定性，法律責任通常設有時效制度，在一定期間內如不予究責，即不能再課處其責任。

要之，責任的種類大致可區分如上，如就公務人員責任言之，乃屬客觀責任、正式責任、工作責任、法律責任、個別責任；亦兼有內部責任與外部責任、對事的責任與對人的責任、職務上的責任與身分上的責任、現在的責任與未來的責任。其中最為重要的是其法律責任的定位與本性，容後述之。

貳、公務人員責任的內涵

如上所言，公務人員責任的種類態樣繁多，但其中最重要的責任，就是法律責任。依據刑事、民事、行政等三大法律體系的不同屬性，公務人員責任亦可大別為刑事責任、民事責任與行政責任三類，其中行政責任主要有懲處責任與懲戒責任兩種；另外民事責任已為國家賠償責任所替代，僅在不足部分，始追究其一般民事責任；如再加上其他零碎的、個別的責任負擔，公務人員應負的責任共有六種。（如圖6.2）

一、公務人員懲處責任

考績，係考核及評定公務人員任職一段期間或重大事件之表現，並給予獎懲之謂。為使考績之辦理，有明確客觀之憑據，公務

人員考績法明定各機關應辦理公務人員平時考核及專案考績。在專案考績，分為一次記二大功與一次記二大過；在平時考核，獎勵方面分為嘉獎、記功、記大功，懲處方面分為申誡、記過、記大過。其中關於申誡、記過、記大過及一次記二大過之懲處，即公務人員應負之懲處責任。不過在實務上，亦有人將年終考績或另予考績考列丁等免職者，歸屬於懲處範圍。至於依公務人員任用法第28條應予免職人員，乃因具有消極任用資格而予以依法免職，雖為不利益處分，但並非懲處，自不能說是懲處責任。

公務人員如有違反公務員服務法或其他法令規定者，主管機關除移送監察院處理，或逕移公務員懲戒委員會審理者外，亦得依公務人員考績法之規定，由單位主管或相關人員擬議，提考績委員會審議通過，陳報機關首長核定後發布其懲處令。

依公務人員考績法第6條第3項規定：

除本法另有規定者外，受考人在考績年度內，非有左列情形之一者，不得考列丁等：

1. 挑撥離間或誣控濫告，情節重大，經疏導無效，有確實證據者。

2. 不聽指揮，破壞紀律，情節重大，經疏導無效，有確實證據者。

3. 怠忽職守，稽延公務，造成重大不良後果，有確實證據者。

4. 品行不端，或違反有關法令禁止事項，嚴重損害公務人員聲譽，有確實證據者。

又同法第12條第3項規定，非有左列情形之一者，不得為一次記二大過處分：

1. 圖謀背叛國家，有確實證據者。

2. 執行國家政策不力，或怠忽職責，或洩漏職務上之機密，致政府遭受重大損害，有確實證據者。

3. 違抗政府重大政令，或嚴重傷害政府信譽，有確實證據者。

4. 涉及貪污案件，其行政責任重大，有確實證據者。

5. 圖謀不法利益或言行不檢，致嚴重損害政府或公務人員聲譽，有確實證據者。

6. 脅迫、公然侮辱或誣告長官，情節重大，有確實證據者。

7. 挑撥離間或破壞紀律，情節重大，有確實證據者。

8. 曠職繼續達四日，或一年累積達十日者。

另依公務人員考績法施行細則第13條第1項第2款規定：有下列情形之一，一次記一大過：

1. 處理公務，存心刁難或蓄意苛擾，致損害機關或公務人員聲譽者。

2. 違反紀律或言行不檢，致損害公務人員聲譽，或誣陷侮辱同事，有確實證據者。

3.故意曲解法令，致人民權利遭受重大損害者。

4.因故意或重大過失，貽誤公務，導致不良後果者。

5.曠職繼續達二日，或一年內累積達五日者。

在上開要件規定以外，各主管機關亦得依業務特殊需要，另訂記一大功、一大過之標準，報送銓敘部核備。

各機關依法設置考績委員會者，其公務人員平時考核獎懲，應遞送考績委員會初核，機關長官覆核，由主管機關或授權之所屬機關核定，送銓敘部銓敘審定。

機關長官對公務人員平時考核獎懲結果有意見時，得簽註意見，交考績委員會復議。機關長官對復議結果，仍不同意時，得加註理由後變更之。

除依前開規定予以考列丁等免職、一次記二大過免職或記一大過懲處外，主管機關應依權責訂定獎懲標準，並得就個案，視情節輕重，依獎懲標準，予以記過或申誡一次、二次之懲處。記過（功）以下之懲處（獎勵），得先行發布懲處（獎勵）令，並於三個月內提交考績委員會確認。

公務人員獎懲，嘉獎三次作為記功一次，記功三次作為記一大功，申誡三次作為記過一次，記過三次作為記一大過；年度內獎懲得互相抵銷。獎懲次數應以內含方式併入年終考績增減其分數，嘉獎或申誡一次者，增減其分數一分；記功或記過一次者，增減其分數三分；記一大功或一大過者，增減其分數九分。年度內無獎懲抵銷而累積達二大過者，年終考績應考列丁等。

　　由於公務人員之獎懲，係於公務人員考績法中規定，且以平時考核方式呈現，故有關獎懲之程序，大致與辦理考績之程序相當。惟除一次記二大過（二大功）人員應送銓敘部銓敘審定之外，其餘個別獎懲案件不必報送銓敘部。

　　各機關考績考列丁等或專案考績一次記二大過免職人員，經銓敘部銓敘審定後，除應以書面通知受考人外，並應於通知書上附記處分理由及不服處分者提起救濟之方法、期間、受理機關等相關規定。不論是考績應予免職或一次記二大過應予免職人員，均自確定之日起執行；未確定前，應先行停職。所稱自確定之日起執行，指受考人自收受一次記二大過免職令、考列丁等免職令之次日起三十日內，未依法提起復審者，自期滿之次日起執行；或收受復審決定書之次日起二個月內，未依法向該管司法機關請求救濟者，自期滿之次日起執行；或向該管司法機關請求救濟者，自判決確定之次日起執行。所稱未確定前應先行停職，指受考人自收受一次記二大過免職令、考列丁等免職令之次日起，雖保留其身分，但先停止其職務。

　　公務人員如為上開年終考績或另予考績考列丁等免職人員，或專案考績一次記二大過免職人員，因為此一免職處分屬剝奪公務人員身分權與工作權最嚴厲的不利益處分，公務人員對之如有不服，得於該處分到達之次日起三十日內，經由原處分機關向公務人員保障暨培訓委員會提起復審；如不服該會復審決定者，得於收受復審決定書之次日起二個月內向管轄之高等行政法院提起第一審行政訴訟；如有不服，再依法向最高行政法院提起上訴。至於記一大過、記過、申誡之懲處，只對公務人員名譽有所影響，屬管理措施或工作條件之處置；公務人員對之如有不服，只能循申訴、再申訴程序救濟；即於該懲處令到達之次日起三十日內向服務機關提出申訴，

如不服申訴函復者，於該復函到達之次日起三十日內向公務人員保障暨培訓委員會提起再申訴。而該會之再申訴決定，屬終局決定，除申請再審議者外，縱仍有不服，亦不能再有通常程序之救濟機會。

要之，公務人員懲處責任，係行政機關本其權責，對公務人員違法失職行為追究其行政責任。除考績考列丁等免職者外，另可辦理專案考績予以一次記二大過免職處分，或於平時考核予以記一大過、記過或申誡之懲處，再併入年終考績參考。對於免職處分，公務人員如有不服，得經由原處分機關向公務人員保障暨培訓委員會提起復審；惟記一大過、記過、申誡之懲處，公務人員如有不服，只能提起申訴、再申訴，以資救濟。

二、公務人員懲戒責任

懲戒，指公務員違反行政上的義務，而依公務員懲戒法等規定，由公務員懲戒委員會判決之處罰；乃我國專對公務員違法失職行為追究其行政責任，最早的、最正式的，也是最具嚇阻力的制度措施。說是最早的，是因公務員懲戒法早在民國20年6月，即由國民政府制定公布施行；說是最正式的，是因懲戒是由屬司法權的公務員懲戒委員會審議；說是最具嚇阻力的，是因懲戒的種類多元，其效力遠大於懲處，對於公務員有更好的震懾效果。懲戒與懲處二者，俱屬行政處罰，乃對公務人員行政責任的追究；但懲戒程序較為嚴謹客觀，懲戒組織亦較為獨立公正。職是，長久以來，懲戒責任的追究，始終受到更大更多的關注。

依公務員懲戒法規定，公務員如因出於故意或過失，致違法執行職務、怠於執行職務或其他失職行為，或非執行職務之違法行為，致嚴重損害政府之信譽，而有懲戒之必要者，即應受懲戒。為

配合懲戒權之行使，復有當然停職與先行停職之制度設計。

懲戒權的行使，以不告不理爲原則，其審議案件之來源，以監察院之移送爲主。監察院如認爲公務員有應付懲戒之情事者，應將彈劾案連同證據，移送公務員懲戒委員會審理。各院部會首長、省、直轄市、縣（市）行政首長或其他相當之主管機關首長，認爲所屬公務員有應付懲戒之情事者，應由其機關備文敍明事由，連同證據送請監察院審查；但對於所屬薦任第九職等或相當職等以下之公務員，得逕送公務員懲戒委員會審理。公務員懲戒委員會合議庭收受移送案件後，應將移送書繕本送達被付懲戒人，並命其於十日內提出答辯書；但應爲免議或不受理之判決者，不在此限。

公務員懲戒委員會爲審議案件之必要，得命雙方言詞辯論，囑託法院或其他機關調查事證，向有關機關調閱卷宗；亦得應移送機關、被付懲戒人、代理人及辯護人之聲請，准其閱覽、抄錄、影印或攝影卷證。在該會判決前，移送機關得撤回移送案件之全部或一部。如被付懲戒人因精神障礙或其他心智缺陷，無法答辯者，因疾病不能到場者，牽涉犯罪是否成立，合議庭認有停止審理程序之必要者，公務員懲戒委員會得停止審理程序。除爲不受懲戒、免議或不受理之判決外，該會得視情節輕重，予以免除職務、撤職、剝奪、減少退休（職、伍）金、休職、降級、減俸、罰款、記過、申誡等9種懲戒處分。

所謂免除職務，係免其現職，並不得再任用爲公務員。所謂撤職，係撤其現職，並於一年以上，五年以下期間停止任用；停止任用期間屆滿再任公務員者，自再任之日起，二年內不得晉敍、陞任或遷調主管職務。所謂剝奪退休（職、伍）金，指剝奪受懲戒人離職前所有任職年資所計給之退休（職、伍）金或其他離職給與；其已支領者，並應追回之。所謂減少退休（職、伍）金，指減少受懲

戒人離職前所有任職年資所計給之退休（職、伍）金或其他離職給
與百分之十至百分之二十；其已支領者，並追回之。

所謂休職，乃休其現職，停發俸（薪）給，並不得申請退休、
退伍或在其他機關任職；其期間爲六個月以上，三年以下。休職期
滿，許其回復原職務或相當之其他職務；但自復職之日起，二年內
不得晉敍、陞任或遷調主管職務。所謂降級，乃依受懲戒人現職之
俸（薪）級降一級或二級改敍；自改敍之日起，二年內不得晉敍、
陞任或遷調主管職務。受降級處分而無級可降者，按每級差額，減
其月俸（薪）；其期間爲二年。所謂減俸，乃依受懲戒人現職之月
俸（薪）減百分之十至百分之二十支給，其期間爲六個月以上，三
年以下；自減俸之日起，一年內不得晉敍、陞任或遷調主管職務。
所稱罰款，乃處罰其新臺幣一萬元以上，一百萬元以下之金額。所
謂記過，係指予以記過之處罰，自記過之日起一年內不得晉敍、陞
任或遷調主管職務。一年內記過三次者，依其現職之俸（薪）級降
一級改敍；無級可降者，按每級差額減其月俸（薪），其期間爲二
年。至於申誡，則以書面告誡之。

就懲戒權行使期間而言，應受懲戒之行爲，自行爲終止之日
起，如係不作爲，自服務機關或移送機關知悉之日起，至案件繫屬
於公務員懲戒委員會之日止，如已逾十年者，不得予以休職之懲
戒；如已逾五年者，不得予以減少退休（職、伍）金、降級、減
俸、罰款、記過或申誡之懲戒。至於免除職務、撤職、剝奪退休
（職、伍）金之懲戒處分，則無行使期間之限制。

公務員懲戒委員會合議庭審理之案件，如經言詞辯論者，應指
定言詞辯論終結後二星期內之期日宣示判決。判決書正本應於十日
內送達移送機關、被付懲戒人及相關機關與人員。由於懲戒裁判程
序採一審終結，移送機關或被付懲戒人對於判決結果，原不得聲明

不服；惟如有公務員懲戒法第94條所定適用法規顯有錯誤等九款情事，仍得提起再審之訴，以資非常救濟。

這九款情事是指：

1. 適用法規顯有錯誤。

2. 判決合議庭之組織不合法。

3. 依法律或裁定應迴避之委員參與裁判。

4. 參與裁判之委員關於該訴訟違背職務，犯刑事上之罪已經證明，或關於該訴訟違背職務受懲戒處分，足以影響原判決。

5. 原判決所憑之證言、鑑定、通譯或證物經確定判決，證明其為虛偽或偽造、變造。

6. 同一行為其後經不起訴處分確定，或為判決基礎之刑事判決，依其後之確定裁判已變更。

7. 發現確實之新證據，足認應變更原判決。

8. 就足以影響原判決之重要證據，漏未斟酌。

9. 確定判決所適用之法律或命令，經司法院大法官解釋為牴觸憲法。

要之，懲戒責任乃追究公務員行政責任的兩種管道之一，藉由行政體系外唯一的公務員懲戒委員會，以懲戒罰的方式予以追究。較諸懲處責任的追究，不僅懲戒組織較為獨立公正，關於懲戒程序

亦更為嚴謹客觀,自較易令人信服;惟在時效上難免有所延宕,在救濟上已無上訴管道可循,亦不免受到批判。

三、公務人員刑事責任

公務人員如觸犯刑事法律所定與職務有關之罪時,即應受刑事制裁,謂之刑事責任。由於中華民國刑法第10條第2項對公務員係採廣義定義,所稱公務員,指依法令服務於國家、地方自治團體所屬機關而具有法定職務權限,以及其他依法令從事於公共事務,而具有法定職務權限者;或受國家、地方自治團體所屬機關依法委託,從事與委託機關權限有關之公共事務者。前者謂之身分公務員,後者謂之委託公務員。狹義公務人員均屬廣義公務員的一部分,如有違反刑事法律,自應擔負刑事責任。

大致言之,我國刑法關於刑事處罰有三大原則,即:1.罪刑法定主義:指行為之處罰,以行為時之法律有明文規定者為限。2.從舊從輕主義:即行為後法律有變更者,適用行為時之法律;但行為後之法律有利於行為人者,適用最有利於行為人之法律。3.屬地主義為主:基本上在中華民國領域內犯罪者,或在中華民國領域外之中華民國船艦或航空器內犯罪者,皆適用之。但特殊情形,如:一般人民在中華民國領域外犯內亂罪或外患罪等罪,或公務員在中華民國領域外犯瀆職罪、脫逃罪、偽造文書罪、侵占罪等罪者,亦適用之。

就犯罪之責任要件,明定行為非出於故意或過失者,不罰。未滿十四歲人之行為,不罰;十四歲以上未滿十八歲人,及滿八十歲人之行為,得減輕其刑。行為時因精神障礙或其他心智缺陷,致不能辨識其行為違法或欠缺依其辨識而行為之能力者,不罰;致其辨識行為違法或依其辨識而行為之能力,顯著降低者,得減輕其刑。

瘖啞人之行爲，得減輕其刑。業務上之正當行爲，不罰。依法令之
正當行爲，不罰。依所屬上級公務員命令之職務上行爲，不罰；但
明知命令違法者，不在此限。對於現在不法之侵害，而出於防衛自
己或他人權利之行爲，不罰；但防衛行爲過當者，得減輕或免除其
刑。因避免自己或他人生命、身體、自由、財產之緊急危難而出於
不得已之行爲，不罰；但避難行爲過當者，得減輕或免除其刑。惟
關於避免自己危難之規定，於公務上或業務上有特別義務者，不適
用之。

　　關於刑罰之種類，分爲主刑與從刑。主刑分爲：死刑、無期徒
刑、有期徒刑、拘役、罰金等5種；從刑分爲：褫奪公權、沒收、追
徵、追繳或抵償等3種。有期徒刑，期間爲二月以上，十五年以下；
但遇有加減時，得減至二月未滿，或加至二十年。拘役，期間爲一
日以上，六十日未滿；但遇有加重時，得加至一百二十日。罰金範
圍爲一千元以上，以百元計算之。褫奪公權，乃褫奪公務員之資格
及爲公職候選人之資格；宣告死刑或無期徒刑者，宣告褫奪公權終
身；宣告一年以上有期徒刑，依犯罪之性質認爲有褫奪公權之必要
者，宣告一年以上十年以下褫奪公權。沒收，即沒收違禁物、供犯
罪所用或犯罪預備之物、因犯罪所生或所得之物。

　　公務員犯刑事法律之罪的情況有三種，一是專屬於公務員身分
的罪，曰職務犯或身分犯；二是一般人民亦可構成的罪，但對具有
公務員身分者加重其刑，曰準職務犯或加重犯；三是公務員以一般
人民身分觸犯的罪。最後者因與公務員身分無關，一般不認爲是公
務人員刑事責任的範圍。

　　職務犯，係指公務員涉犯刑法分則有關瀆職罪及貪污治罪條例
等專屬公務員身分的罪，主要包括收受賄賂、濫用或怠於行使職
權、財產來源不明等3種情形。準職務犯，係指公務員涉犯刑法第

134條規定，假借職務上之權力、機會與方法，以故意犯瀆職罪以外各罪者，加重其刑至二分之一；但因公務員身分已特別規定其刑者，不在此限。又貪污治罪條例第16條第1項，亦規定誣告他人犯本條例之罪者，依刑法規定加重其刑至二分之一。

刑法分則第四章瀆職罪之規定，包括：第120條委棄守地罪、第121條不違背職務之受賄罪、第122條違背職務受賄罪及行賄罪、第123條準受賄罪、第124條枉法裁判或仲裁罪、第125條濫權追訴處罰罪、第126條凌虐人犯罪、第127條違法行刑罪、第128條越權受理罪、第129條違法徵收、抑留或剋扣款物罪、第130條廢弛職務釀成災害罪、第131條圖利罪、第132條洩漏國防以外之秘密罪、第133條郵電人員妨害郵電秘密罪，均為職務犯。至於貪污治罪條例關於上揭瀆職罪行有更嚴厲處罰規定者，基於特別法優於普通法之法理，均應依貪污治罪條例予以論處；此外，該條例第6條之1規定財產來源不明罪、第13條規定主管長官包庇罪、第14條規定相關人員不為舉發罪、第15條規定藏匿代管贓物罪，亦均屬職務犯。

關於公務人員刑事責任之論究，係採不告不理、三級三審制，由各級法院刑事庭依刑事訴訟法規定予以審理及裁判。一、二審為事實審，三審為法律審，在通常程序，經最高法院判決後即告確定；惟如符法定要件，尚可提起再審之訴，或由檢察總長提起非常上訴，是為特別救濟程序。

要之，刑事處罰係國家基於公權力而對人民最嚴厲之處罰，公務人員刑事責任的追究，在所有法律責任中也是最重的一種，甚至因有期徒刑以上之刑判決確定而未宣告緩刑，或因宣告褫奪公權，致生應依法免職之不利處分。刑事責任之重要，不言已喻。

四、公務人員間接國家賠償責任

公務員違法侵害人民之自由或權利，國家應否負擔賠償責任；在早期國家無責任論時期，認為國家不會犯錯，會犯錯的是個人，所以應由公務員自行負責；到國家代位責任論時期，認為應由國家代位承擔賠償責任，並在一定條件下，向該公務員行使求償權；晚近進入國家自己責任論時期，則認為公務員既直接或間接代表國家執行公權力，國家即應無條件承擔責任。緣於國家賠償理論的演進，我國國家賠償法已於民國69年7月制定公布，並自70年7月1日施行。

依國家賠償法第2條第2項規定：公務員於執行職務行使公權力時，因故意或過失不法侵害人民自由或權利者，國家應負損害賠償責任。公務員怠於執行職務，致人民自由或權利遭受損害者，亦同。又，第3條第1項規定：公有公共設施因設置或管理有欠缺，致人民生命、身體或財產受損害者，國家應負損害賠償責任。據此可知，國家應負損害賠償責任的情況有三，一是公務員積極的執行職務，因故意或過失不法侵害人民自由或權利，二是公務員消極的不執行職務，致人民自由或權利遭受損害，三是公有公共設施因設置或管理有所欠缺，致人民生命、身體或財產遭受損害。

就法制精神言之，國家賠償責任乃屬特別的民事責任；也因為國家賠償責任的論究，而免除公務員一般民事責任的追究。受有損害之人民，依前揭規定向公務員服務機關或公有設施管理機關請求賠償，該機關在依雙方協議，或依法院損害賠償之判決，核予人民一定金額之賠償後，如認執行職務之公務員有故意或重大過失之情事，依同法第2條第3項規定，賠償義務機關對該公務員有求償權。由於此一求償權的規定，公務員遂負有間接的國家賠償責任，或說是國家賠償求償責任。

所謂故意，包括直接故意與間接故意，前者係指明知並有意使
其發生；後者係指預見其發生，而其發生並不違背其本意。所謂過
失，依其程度分三個等次，即重大過失、具體輕過失與抽象輕過
失；重大過失係指違反一般人之注意義務；具體輕過失，或稱一般
過失，係指未盡與處理自己事務同一之注意義務；抽象輕過失，係
指未盡善良管理人之注意義務。（李建良等，2006：662）如上所
言，公務員僅在有故意或重大過失之情形，始擔負國家賠償求償責
任。易言之，如屬具體輕過失或抽象輕過失的情形，公務員即無須
承擔責任。

要之，國家賠償責任是特殊的民事責任，其責任主體名義上是
國家，實際上是公務員的服務機關或公有設施的管理機關；公務員
本無國家賠償責任可言。不過如公務員有故意或重大過失之情事，
賠償義務機關因對該公務員有求償權的規定，使得公務員轉而應承
擔間接的國家賠償責任。此一責任型態，顯與其他責任有所不同。

五、公務人員民事責任

公務人員於執行職務，因故意或過失，違反職務侵害他人法
益，致使國家利益或第三人權利遭受損害時，即應擔負民事上損害
賠償的責任，此即公務人員的民事責任。依憲法第24條規定，凡公
務員違法侵害人民之自由或權利者，除依法律受懲戒外，應負刑事
及民事責任。被害人民就其所受損害，並得依法律向國家請求賠
償。又依民法第186條規定：公務員因故意違背對於第三人應執行之
職務，致第三人受損害者，負賠償責任。其因過失者，以被害人不
能依他項方法受賠償時為限，負其責任。前項情形，如被害人得依
法律上之救濟方法，除去損害，而因故意或過失不為之者，公務員
不負賠償責任。再依國家賠償法第2條規定：公務員於執行職務行使
公權力時，因故意或過失不法侵害人民自由或權利者，國家應負損

害賠償責任。公務員怠於執行職務，致人民自由或權利遭受損害者，亦同。前項情形，公務員有故意或重大過失時，賠償義務機關對之有求償權。

據上揭規定，當前我國公務人員應負的民事責任可析述如下：

（一）民事責任的範圍

只要公務人員於執行職務，因故意或過失，致違法侵害他人權益者，均應擔負一般民事責任。惟因國家賠償法與相關法律規定，受害者應先依國家賠償法等特別法律的規定請求賠償，只有在不能依其他法律請求賠償時，始能依民法請求賠償。易言之，國家賠償責任是一種特殊的民事賠償責任，多數公務人員侵權行為之責任，已因國家以主體地位予以賠償，而轉化為國家對他的求償權；公務人員雖不必直接擔負民事責任，但仍須間接負擔國家賠償責任。

（二）民事責任的要件

公務人員的一般民事責任，原以故意或過失為前提要件，如公務人員既非故意，亦無過失，雖造成他人之損害，公務人員亦無須承擔民事責任。縱係出於過失，仍以被害人不能依他項方法受賠償者為限，始負其責任；又如被害人得依法律上之救濟方法除去損害，而因故意或過失不為之者，公務人員即可不負賠償責任。又在國家賠償責任，僅限於公務人員有故意或重大過失之情形，賠償義務機關對之始有求償權。易言之，在一般過失以下，公務人員不負間接的國家賠償責任。

（三）民事責任的履行

公務人員民事責任的承擔方式，不論是特殊的國家賠償責任或一般的民事責任，均以金錢賠償為主，以回復原狀為輔，除填補被害人實際所受的損害外，並應給予精神慰助金等相關費用。在國家賠償責任，被害人應先以書面提出請求，再由賠償義務機關與之協議；如協議不成，再提損害賠償之訴。協議成立或判決確定後，賠償義務機關即據以賠償，並視當事人有無故意或重大過失之情形，而向當事人求償。在一般民事責任，則視和解、調解或民事訴訟判決之結果而執行。

總之，公務人員依憲法及民法規定，原應負擔的一般民事賠償責任，已因國家賠償法規定國家應以主體地位予以賠償，並對故意或有重大過失的公務人員予以求償，以致有所弱化。基本上公務人員主要承擔的是國家賠償責任之後的求償責任；只有在人民不能依國家賠償法或其他法律請求賠償時，始得依民法規定請求賠償。此時此際，公務人員才應負一般民事責任。

六、公務人員其他法律責任

公務人員如因違反職務上的義務，即應承擔一定的責任，包括法律責任與倫理道德責任。後者亦稱道義責任，基本上屬「內疚神明、外慚清議」的良心問題，課責性較低，約束力亦有不足，故在法制上通常不去論究倫理道德責任的問題，而是聚焦於法律責任。如上所述，公務人員應負的法律責任主要可分為：懲戒責任、懲處責任、刑事責任與民事責任四者，然而就當前公務員相關法規觀之，此四者似乎不能涵括所有公務人員的法律責任。例如依公務人員任用法第28條規定，公務人員如有未具或喪失中華民國國籍等9種情事者，即應依法予以免職，或要求其辦理退休或資遣，或撤銷其

任用。又如違反公職人員財產申報及信託規定，或利益衝突迴避規定者，即可課處數額不等之罰鍰。這些責任的追究，均屬行政責任，但不在懲處與懲戒責任的範圍。依照特別法律規定，規範公務人員應負其他行政責任的法律，主要有公務人員任用法、公職人員財產申報法、公職人員利益衝突迴避法、臺灣地區與大陸地區人民關係條例等。茲就其犖犖大者說明如下：

（一）違反公務人員消極任用資格的責任

依公務人員任用法第28條規定，有下列情事之一者，不得任用為公務人員：

1. 未具或喪失中華民國國籍。

2. 具中華民國國籍兼具外國國籍。但其他法律另有規定者，不在此限。

3. 動員戡亂時期終止後，曾犯內亂罪、外患罪，經有罪判決確定或通緝有案尚未結案。

4. 曾服公務有貪污行為，經有罪判決確定或通緝有案尚未結案。

5. 犯前二款以外之罪，判處有期徒刑以上之刑確定，尚未執行或執行未畢。但受緩刑宣告者，不在此限。

6. 依法停止任用。

7. 褫奪公權尚未復權。

8.經原住民族特種考試及格，而未具或喪失原住民身分。

9.受監護或輔助宣告，尚未撤銷。

公務人員於任用後，有前項第一款至第八款情事之一者，應予免職；有第九款情事者，應依規定辦理退休或資遣。任用後發現其於任用時有前項各款情事之一者，應撤銷任用。

前項撤銷任用人員，其任職期間之職務行為，不失其效力；業已依規定支付之俸給及其他給付，不予追還。但經依第一項第二款情事撤銷任用者，應予追還。

從上開規定可知，公務人員如具有上揭九款不得任用之情事，即生免職、退休、資遣、撤銷任用或追還薪俸之法律效果。是公務人員應負不能具有此九款消極任用資格之義務，否則即應承擔免職、退休、資遣、撤銷任用或追還薪俸之責任。

（二）違反公職人員財產申報規定的責任

依公職人員財產申報法第12條規定，有申報義務之人故意隱匿財產為不實之申報者，處新臺幣二十萬元以上四百萬元以下罰鍰。

有申報義務之人其前後年度申報之財產經比對後，增加總額逾其本人、配偶、未成年子女全年薪資所得總額一倍以上者，受理申報機關（構）應定一個月以上期間通知有申報義務之人提出說明，無正當理由未為說明、無法提出合理說明或說明不實者，處新臺幣十五萬元以上三百萬元以下罰鍰。

有申報義務之人無正當理由未依規定期限申報或故意申報不實

者，處新臺幣六萬元以上一百二十萬元以下罰鍰。其故意申報不實
之數額低於罰鍰最低額時，得酌量減輕。

有申報義務之人受前項處罰後，經受理申報機關（構）通知限
期申報或補正，無正當理由仍未申報或補正者，處一年以下有期徒
刑、拘役或科新臺幣十萬元以上五十萬元以下罰金。

對於申報之資料，基於營利、徵信、募款或其他不正目的使用
者，處新臺幣十萬元以上二百萬元以下罰鍰。

有申報義務之人受本條處罰確定者，由處分機關公布其姓名及
處罰事由於資訊網路，或刊登政府公報或新聞紙。

又，第13條規定，有信託義務之人無正當理由未依規定期限信
託，或故意將第七條第一項各款規定財產未予信託者，處新臺幣六
萬元以上一百二十萬元以下罰鍰。其故意未予信託之財產數額低於
罰鍰最低額時，得酌量減輕。

有信託義務之人受前項處罰後，經受理申報機關（構）通知限
期信託或補正，無正當理由仍未信託或補正者，按次連續處新臺幣
十萬元以上二百萬元以下罰鍰。

違反第九條第三項規定，對受託人為指示者，處新臺幣十萬元
以上二百萬元以下罰鍰。

有信託義務之人受本條處罰確定者，由處分機關公布其姓名或
名稱及處罰事由於資訊網路，或刊登政府公報或新聞紙。

據上，依法負有財產申報及信託義務之公職人員，如不依法申

報或信託財產時，依上開規定，即應承受主管機關科處一定金額罰鍰之行政責任；其情節嚴重者，尚應承擔一年以下有期徒刑、拘役或新臺幣十萬元以上五十萬元以下罰金之刑事責任。如有其他不遵規定之情事，亦應依法承擔其違反義務之罰鍰、公布姓名等不利益處分。

（三）違反公職人員利益衝突迴避規定的責任

依公職人員利益衝突迴避法第7條規定，公職人員不得假借職務上之權力、機會或方法，圖其本人或關係人之利益。

第8條規定，公職人員之關係人不得向機關有關人員關說、請託或以其他不當方法，圖其本人或公職人員之利益。

第9條規定，公職人員或其關係人，不得與公職人員服務之機關或受其監督之機關為買賣、租賃、承攬等交易行為。

第10條規定，公職人員知有迴避義務者，應依下列規定辦理：

1.民意代表，不得參與個人利益相關議案之審議及表決。

2.其他公職人員應停止執行該項職務，並由職務代理人執行之。

前項情形，公職人員應以書面分別向公職人員財產申報法第四條所定機關報備。

第一項之情形，公職人員之服務機關或上級機關如認該公職人員無須迴避者，得命其繼續執行職務。

　　服務機關或上級機關知有應自行迴避而未迴避情事者，應命該公職人員迴避。

　　第14條規定，違反第七條或第八條規定者，處新臺幣一百萬元以上五百萬元以下罰鍰；所得財產上利益，應予追繳。

　　第15條規定，違反第九條規定者，依下列規定處罰：

1. 交易金額未逾新臺幣十萬元者，處新臺幣一萬元以上五萬元以下罰鍰。

2. 交易金額新臺幣十萬元以上未逾一百萬元者，處新臺幣六萬元以上五十萬元以下罰鍰。

3. 交易金額新臺幣一百萬元以上未逾一千萬元者，處新臺幣六十萬元以上五百萬元以下罰鍰。

4. 交易金額新臺幣一千萬元以上者，處新臺幣六百萬元以上，該交易金額一倍以下罰鍰。

　　前項交易金額以契約所明定或可得確定之價格定之；如結算後之金額高於原定金額者，以結算金額定之。

　　第16條規定，違反第十條第一項規定者，處新臺幣一百萬元以上五百萬元以下罰鍰。

　　第17條規定，公職人員違反第十條第四項或第十三條規定拒絕迴避者，處新臺幣一百五十萬元以上七百五十萬元以下罰鍰。

　　第18條規定，依前二條處罰後再違反者，連續處罰之。

　　總之，依法負有利益衝突迴避義務的公職人員，如有應迴避之事由而不迴避時，即應負違反利益衝突迴避規定之責任，承受主管機關一定金額罰鍰之行政責任。

（四）違反進入大陸地區規定的責任

　　依臺灣地區與大陸地區人民關係條例第9條第1項規定，臺灣地區人民進入大陸地區，應經一般出境查驗程序。

　　同條第3項復規定，臺灣地區公務員，國家安全局、國防部、法務部調查局及其所屬各級機關未具公務員身分之人員，應向內政部申請許可，始得進入大陸地區。但簡任第十職等及警監四階以下，未涉及國家安全機密之公務員及警察人員赴大陸地區，不在此限。

　　又，同條第4項規定，臺灣地區人民具有下列身分者，進入大陸地區應經申請，並經內政部會同國家安全局、法務部及行政院大陸委員會組成之審查會審查許可：

1. 政務人員、直轄市長。

2. 於國防、外交、科技、情治、大陸事務或其他經核定與國家安全相關機關，從事涉及國家機密業務之人員。

3. 受前款機關委託從事涉及國家機密公務之個人或民間團體、機構成員。

4. 前三款退離職未滿三年之人員。

5. 縣（市）長。

　　此外，該法第33條第1項規定，臺灣地區人民、法人、團體或其他機構，除法律另有規定外，得擔任大陸地區法人、團體或其他機構之職務或爲其成員。第2項規定，臺灣地區人民、法人、團體或其他機構，不得擔任經行政院大陸委員會會商各該主管機關公告禁止之大陸地區黨務、軍事、行政或具政治性機關（構）、團體之職務或爲其成員。

　　同條第3項規定，臺灣地區人民、法人、團體或其他機構，擔任大陸地區之職務或爲其成員，有下列情形之一者，應經許可：

1. 所擔任大陸地區黨務、軍事、行政或具政治性機關（構）、團體之職務或爲成員，未經依前項規定公告禁止者。

2. 有影響國家安全、利益之虞或基於政策需要，經各該主管機關會商行政院大陸委員會公告者。

　　又，同條第4項規定，臺灣地區人民擔任大陸地區法人、團體或其他機構之職務或爲其成員，不得從事妨害國家安全或利益之行爲。

　　在罰則方面，第90條規定，具有第九條第四項身分之臺灣地區人民，違反第三十三條第二項規定者，處三年以下有期徒刑、拘役或科或併科新臺幣五十萬元以下罰金；未經許可擔任其他職務者，處一年以下有期徒刑、拘役或科或併科新臺幣三十萬元以下罰金。

　　前項以外之現職及退離職未滿三年之公務員，違反第三十三條第二項規定者，處一年以下有期徒刑、拘役或科或併科新臺幣三十萬元以下罰金。

不具備前二項情形，違反第三十三條第二項或第三項規定者，處新臺幣十萬元以上五十萬元以下罰鍰。

違反第三十三條第四項規定者，處三年以下有期徒刑、拘役，得併科新臺幣五十萬元以下罰金。

第90條之1規定，具有第九條第四項第一款、第二款或第五款身分，退離職未滿三年之公務員，違反第三十三條第二項規定者，喪失領受退休（職、伍）金及相關給與之權利。

前項人員違反第三十三條第三項規定，其領取月退休（職、伍）金者，停止領受月退休（職、伍）金及相關給與之權利，至其原因消滅時恢復。

第九條第四項第一款、第二款或第五款身分以外退離職未滿三年之公務員，違反第三十三條第二項規定者，其領取月退休（職、伍）金者，停止領受月退休（職、伍）金及相關給與之權利，至其原因消滅時恢復。

臺灣地區公務員，違反第三十三條第四項規定者，喪失領受退休（職、伍）金及相關給與之權利。

第91條規定，違反第九條第二項規定者，處新臺幣一萬元以下罰鍰。

違反第九條第三項或第七項行政院公告之處置規定者，處新臺幣二萬元以上十萬元以下罰鍰。

違反第九條第四項規定者，處新臺幣二十萬元以上一百萬元以

下罰鍰。

　　要之，臺灣地區與大陸地區人民關係條例可謂是國共內戰、兩岸分治後，規範兩岸地區人民往來及相關事務的重要大法。其規範對象不止於我國民眾，亦及於對岸人民，公務人員也在規範之列。如公務人員不遵守該法及相關規定，即生違法應負的責任；如以公務人員身分違反進入大陸地區規定者，即應承擔刑罰、行政罰等責任。

（五）承受不利益處分或管理措施的責任

　　公務人員如有違法之虞，或違法失職之事證仍不明確，或在前述責任追究予以處罰後，基於行政首長領導統御及考量實際業務之需要，認為仍有給予其他不利益處分或管理措施之必要者，自得依法核予停職、調職或劣蹟註記等處分或管理措施。

1. 停職處分：停職是暫時停止職務的執行，但不喪失公務人員的身分。公務人員如有公務員懲戒法第4條所定當然停職之事由者，機關應予停職處分；如因涉案情節重大，或應予免職尚未確定者，仍得依公務員懲戒法第5條規定，或公務人員考績法第18條規定，予以先行停職處分。俟停職事由消滅，或依法提起救濟而被撤銷後三個月內，得依公務人員保障法第10條規定申請復職；服務機關或其上級機關除法律另有規定者外，應自受理之日起三十日內通知其復職。如未於三個月內申請復職者，服務機關或其上級機關人事單位應負責查催；如接到查催通知之日起三十日內仍未申請復職者，除有不可歸責於該公務人員之事由外，視為辭職。

2. 調職處分：公務人員之調職，包括調升、平調與降調三種情

形，公務人員陞遷法主要規範全部調升及部分平調等有利公
務人員之面向，至於不利公務人員之平調及降調，則不在此
法規範之列。就現況以觀，不利於公務人員之調職處分，較
常見的有：平調同一職等之非主管職務、平調外地同一職等
之職務、降調低一職等之主管職務、降調低一職等之非主管
職務、降調外地低一職等之職務等情形。機關如審認公務人
員有非調地不能解決之問題，例如涉及男女感情問題，自得
本於權責予以調地處分；如審認僅核予公務人員記大過、記
過等行政懲處仍有不足時，在不違反「一事二罰」之前提
下，自得予以降調處分。

3. 不利措施：機關所爲之具體措施，雖非行政處分，但只要不
利公務人員者，即爲不利措施。例如：在警察機關，如有輕
微之違紀情形，而尚未達到申誡懲處之程度者，即可予以劣
蹟註記之管理措施，以資警惕及告誡。依警察機關內部規
定，劣蹟六次相當於申誡一次，其情節自屬輕微。又如有喝
酒鬧事或涉及男女不正常感情交往等特殊情形，亦可列爲關
懷輔導對象或教育輔導對象；此一輔導措施，本質上並非懲
罰，但仍爲影響其名譽的不利措施。在一般行政機關，較常
見的是曠職註記，如公務人員上班遲到、下班早退或於辦公
時間有事外出而未請假者，即屬曠職，依法應予以曠職一小
時以上之登記，以做爲平時考核或年終考績之依據。上述情
形，乃屬機關對公務人員之不利措施。

要之，公務人員在法律上應追究的責任，不只有上述的懲戒責
任、懲處責任、民事責任、間接國家賠償責任與刑事責任而已。依
其他相關法律，尚有違反公務人員消極任用資格、公職人員財產申
報、公職人員利益衝突迴避、進入大陸地區等規定，及承受不利益

處分或管理措施的責任，由於這些責任不能涵括於前述五種責任之中，故特別予以說明之，也由於這些其他法律責任的出現，公務人員責任的全貌才能完整的呈現。

總而言之，公務人員的責任不只是靜態、抽象、籠統、概括的存在，而是違法失職行為出現後，予以具體的追究其行為後果，因而給予該當的處罰、賠償或不利益處分。此故，責任有其具體的生命，以問責或課責的方式，督促公務人員依法行政、妥適執行職務。責任的機制與執行，即顯得十分重要，一刻不能或缺。

參、公務人員責任的特徵

從以上的論述中，吾人不難得知，當前公務人員責任的特徵，至少有下列7點：

（一）就責任基礎言之，乃基於身分與職務而來

公務人員責任之產生，是因為其具有與國家之「公法上職務關係」連結的公務人員身分；正因有此一身分，所以縱然與其職務無關者，如出入特種營業場所、在上班時間參加政黨活動等，亦將被課予責任。不過多數責任與其職務有關，如懈怠執行職務，致生損害人民權利之結果；又如利用職務上的權力、機會或方法，要求他人支持某一候選人，或上班時間未經准假離開辦公場所等，均有責任的問題。此與私的家庭責任，純因身分而生之責任，明顯不同。

（二）就責任來源言之，係因違反義務而生

責任乃伴隨義務而來，公務人員基於身分與職務，因而必須履

行一定的義務，包括作為與不作為的義務，如公務人員已善盡義務，達成任務，自無責任追究可言。但如違反義務規定，則將被課處一定的責任。

（三）就責任性質言之，係以處罰或不利益處分的形態出現

公務人員責任的本質就是處罰，少部分雖非處罰，但亦屬不利益處分；不論懲處、懲戒或刑事責任，都是處罰。這些責任，不論是自由的限制、身分的免除、資格的取消、職務的停止、財產的剝奪、名譽的損失等，都是不利於當事人的處罰。縱然民事責任的本質是賠償，並非處罰，但亦屬不利益處分。

（四）就責任依據言之，係以傳統專法為主，但因特別法的出現，以致追究責任的法律依據愈來愈多

追究公務人員的法律依據，原僅以中華民國刑法、貪污治罪條例、公務員懲戒法、公務人員考績法、民法、國家賠償法與公務人員任用法為主。不過近年因一些特別法律的出現，如臺灣地區與大陸地區人民關係條例、公職人員財產申報法、公職人員利益衝突迴避法等；為達其特定的政策目的，遂在條文中明定罰則，致使責任追究的法律依據愈來愈多，不好掌握。

（五）就究責方式言之，主要有懲處、懲戒、刑罰、國家賠償之求償等方式

對於公務人員責任之追究，係以行政責任為主，但以追究刑事責任的刑罰最重；行政責任中的懲處數量最多，效率也最快，懲戒則較為正式；至於民事責任，幾乎被國家賠償之求償所取代，只有在受害人未能依國家賠償法或其他法律請求賠償時，始能依民法請

求賠償。至於其他法律責任的追究，則依個別法律的規定而異其應負之責任。

（六）就究責機關言之，有權究責的機關十分多元

由於公務人員責任十分多元，所以有權究責機關亦多。在刑事責任，包括各主管機關、法務部調查局、廉政署、各法院檢察署皆有權移送，最後則由法院判決；在懲戒責任，監察院及各主管機關可依法移送，再由公務員懲戒委員會判決；在懲處責任，係依權責由各級機關定之；在民事責任，係由法院判決；在國家賠償責任，乃由賠償義務機關與人民協議賠償後，如認公務人員有故意或重大過失之情事，始能向公務人員求償；如協議不成，提起損害賠償之訴，則由法院判決。至於其他法律責任，則由各權責機關定之。可見有權課責公務人員責任的機關，委實不少。

（七）就責任結果言之，必然引起不利益及不愉快的後果

如上所述，責任的本質是處罰或不利益處分，而堪當處罰的媒介或手段者，必然令當事人在實質上受到損害或不利益，在精神上感到不愉快；責任的承擔也必須與處罰的輕重程度相當，符合所謂「比例原則」，即「責當其罰」之意。處罰或不利益處分既是責任追究的最後結果，但亦寓有「懲前毖後、惕勵來者」；「不再犯同樣錯誤」的重要意義。

要之，公務人員責任係因具有公務人員的身分與職務而生，因違反義務而來，追究責任的方式十分多元；追究責任的機關，各本於權責，也有不少。這是因為公務人員與國家具有公法上職務關係所使然，遠非一般人民可以比擬。從而公務人員責任即有與眾不同的特徵，如上所述，當不難瞭解。

生責 ——→ 課責/負責 ——→ 究責

圖6.1 責任的三個階段

表6.1 責任的種類區分

分類標準	責任區分
責任來源	主觀責任、客觀責任
責任所在	內部責任、外部責任
責任機制	正式責任、非正式責任
責任性質	工作責任、家庭責任、社會責任
責任效力	法律責任、倫理道德責任
責任範圍	個別責任、集體責任
責任屬性	職務上的責任、身分上的責任
責任對象	對事的責任、對人的責任
責任期間	現在的責任、未來的責任

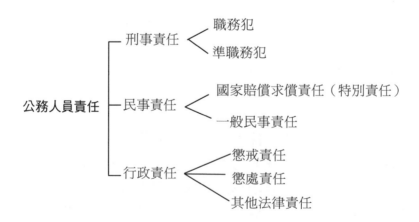

圖6.2 公務人員責任的內涵

第七章

結論與建議

壹、現況歸納

如上所言，當前民主法治國家的一般民眾，所有社會關係都可化約為權利與義務二者，有權利必有義務。對某人來說如果是權利，對其相對人而言就是義務，反之亦然。權利與義務既相對而生，也同時存在；正因為此二者的融合，社會關係即昇華為法律關係，法治社會的主軸乃得以彰顯。如只談私領域，而不涉公權力時，權利與義務的範圍，幾乎已可涵蓋全部。

不過就公務人員而言，只談權利與義務顯然有所不足，因為公務人員係由國家所任命，與國家之間具有公法上職務關係，且直接或間接代表國家執行公權力，所以其手上享有一定的職權，或說是權力。職是，公務人員的權，不只是權利，也應包括權力。至於廣義的義務，雖亦可包括責任，有人甚至混淆不分；但狹義的義務，其實與責任不同；責任是義務的延伸，或說是違反義務所應承擔的後果。公務人員的權義，因此包括職權、權利、義務與責任等四個面向。

一、權義四者的概括說明

由上述各章分別探討中，吾人可以知道當前公務人員權義的重點，至少有如下八點：

（一）公務人員的定義與範圍，各法規範不同

由於我國採個別立法主義，每一事項即以一法律加以規範。由於不同的法律有其不同的立法目的與政策考量，故不只常見的法律名稱有公務員、公務人員、公職人員之不同；即以公務人員一詞言之，各法律也有不同的定義與適用範圍。這不僅讓許多初學者感到迷惑，甚至也讓絕大多數的社會大眾困擾不已。

（二）任用資格、身分與職務三者之意義與概念有別

前言之，任用資格乃指可以擔任公務人員的門檻條件，包括積極資格與消極資格，但具備任用資格者不代表就是公務人員。在個人具備任用資格後，還必須機關提供適當的職缺，且經一定的任用程序，在報到任職之日起，才具有公務人員的身分，始能擔任某一職務。基本上身分是指現職、職業類別及與國家的法律關係，職務是個別從事某一具體的工作。身分與職務通常是緊密結合的，但身分自始至終維持不變，職務則會面臨調升、平調，甚至降調或暫時停止的情形。由於我國採行的是任用考試制度，許多初任的公務人員皆是任用資格、身分、職務三者同時取得，故常誤以為三者是一樣的概念，只是說法不同而已；但由上論述中，可以知道三者的意義與概念，明顯有別。

（三）權力與權利的性質近似，但實際上明顯不一

權力重在力量，係指有所憑藉而使他人服從的力量；權利重在

利益，係指依據法律規定，應該享有的利益。權力的關係乃是上下的、強制的，只有命令與服從的問題；權利的關係則是平行的、任意的，除非法律另有規定，或依其性質顯有不宜者外，個人可依其意願行使或拋棄。兩者明顯有別。所謂職權，乃指職務上得以行使的權力，本質上屬於權力，而非權利。

（四）公務人員權利並非皆以法律規定，有些係依法規命令而取得，少數甚至只是職權命令或一般法理的依據

基於法治主義與明確性原則，多數公務人員權利皆以法律明定，固無疑義。然而少數權利，如請假及休假、健康維護、因公涉訟輔助等，乃是法規命令之規定；生活津貼、住宅輔購、急難貸款、年終工作獎金等則為職權命令所規定；後者並無法律或法律授權命令，故有人說只是福利，而非權利，至少不是法定權利。至於執行職務、使用官銜職稱等，甚至只是一般法理而已，並無法的依據。

（五）公務人員權利可分為實體權利與程序權利兩大類，均屬主要權利

公務人員實體權利可分為經濟性權利與非經濟性權利；或分為任免方面的權利、考訓方面的權利與給與方面的權利。大多數實體權利是不待主張、人人皆有的權利；僅有少數權利需經申請與核可，始能享有。而程序權利是救濟性的權利，主要有復審、申訴與再申訴兩種權利，屬第二次行使的權利，或說是備而不用的權利，必待實體權利被侵害後始得主張。兩類權利的性質固有不同，但均甚為重要。

（六）部分義務規定較為抽象、籠統且概括，既不利於公務人員，亦不利於依法行政

公務人員的義務規定，主要見於公務員服務法，但該法最早於民國28年即已制定公布，是時抗戰軍興、法制不備，公務人員與國家的關係停留在不折不扣的特別權力關係時期，其規範不僅充滿上對下的訓示及強制語氣，且規範事項亦頗為抽象、籠統且概括，公務人員容易陷入動輒得咎的困境之中；此與法的客觀性、明確性亦有距離，自不利於公務人員，亦與法治之旨有悖。

（七）公務人員的權利與義務之間既非相對，亦不平等

在私法領域，相對人的權利義務之間大致是相對且平等的，但在公務員法領域，必須充分考量政府機關業務的推動，適度尊重首長的用人權限及領導統御；故公務人員的義務往往在有意無意間被放大，而公務人員的權利則放在長官的權力之下，不是權利被限縮，就是變成附條件式的權利。顯然的，公務人員權利與義務之間並非處於平等或平衡的狀態。

（八）追究公務人員法律責任有多元途徑，使公務人員受到甚多的束縛與限制

依現行法律訴訟體系，人民提起救濟的管道有刑事訴訟、民事訴訟與行政訴訟三種，這也就是說人民應承擔的法律責任有刑事責任、民事責任與行政責任三種。公務人員是人民的一部分，一樣要承擔這三種責任。尤有甚者，公務人員除一般民事責任外，尚應承擔國家賠償後的被求償責任；而行政責任又可分為懲處責任、懲戒責任與其他行政責任等三種。職是，追究公務人員法律責任的途徑有多種，公務人員也因此受到更多的束縛與限制。

要之，從職權、權利、義務、責任四個角度切入探討公務人員，不難歸納得知上述的特點，值得你我留意與關注。

二、權利義務的相對特性

從上述對公務人員權利與義務的說明，不難歸納這些權利與義務的共同性質。爰分述如次：（劉昊洲，2008：106）

（一）雖相對但非對價

一般人民在私法上的權利與義務，有些具有相對性與對價性，如拋棄權利，即可不必負擔義務，例如拋棄繼承權者即可不必承擔父母所遺留債務；但也有許多雖不享受權利，但仍應履行義務者，如孝順父母的義務，並不以父母是否有盡到保護及教養的責任為前提。然而所有公務人員的權利與義務雖然相對，卻無對價性，在理論上可能相對而生，但在實際上卻無對等價值，例如上班工作與支領薪俸之間的權利義務關係，依理上班工作始能支領薪俸，反之如果不支領薪俸即可不必工作，但在實際上，縱然放棄俸給權，除非請假獲准，否則也必須準時上班。這也就是說，公務人員不能以拋棄權利為理由而主張不履行義務，政府亦不能以公務人員未盡義務而禁止其享受這些權利，而是彼此各依法律規定處理。如違反義務，則生責任追究與處罰的問題，基本上與其應享的權利無涉。

（二）應依法但有例外

關於人民之權利義務，依中央法規標準法第5條第2款規定，均應以法律定之。有關公務人員之權利與義務，原則上亦應依法為之，始符法治之本旨，惟事實不盡然如此。由於法的生長性，以及主管機關施恩惠於公務人員的想法，使得部分應以法律規定的權

利，迄今仍停留在行政命令的層次。在屬於公務人員享受生活照顧權的各種福利事項，如購屋貸款、子女教育補助費等，由於係屬公務人員法定薪俸以外，基於行政命令所為之特別恩惠給與，在公務人員待遇逐年調高、生活大幅改善後，行政院不但沒有將這些行政命令提昇為法律位階的構想，反而有意予以取消。又如每年春節之際發放的年終工作獎金，其法源乃每年度總預算案，目前亦無以法律或法律授權命令予以規範的打算。由此可知公務人員的權利與義務，原則上雖均應依法為之，但目前仍有以行政命令規定的例外情形存在。

（三）有原則但不明確

法律係對社會事務為抽象規定，自不能鉅細靡遺的詳加規定，有關公務人員的權利與義務規定即是如此。雖然法律已為概括性、原則性的規定，但仍不夠明確，具有隱藏性與延伸性，必須藉助行政命令與主管機關函釋為進一步之補充規定，始較為具體明顯。例如公務員服務法中許多義務規定，均十分抽象，有賴行政院與考試院不斷函釋規定，公務人員才能有所遵循。

（四）雖個別但有關聯

公務人員的權利與義務，大致均依法律個別規範。在義務方面，除由公務員服務法為綜合性的概括規定外，其他特別的義務則另有專法為之規定，例如申報財產的義務，規定於公職人員財產申報法；利益衝突迴避的義務，規定於公職人員利益衝突迴避法；行政中立的義務，則由公務人員行政中立法規定。在權利方面，大致一權利事項即有一專法規定，如俸給權規定於公務人員俸給法，退休金權規定於公務人員退休法，參加考績權規定於公務人員考績法。表面觀之，這些權利與義務均係個別出現，不一定有關聯，但

事實上彼此互有關聯。例如退休金權與撫卹金權僅能擇一適用；符合退休資格者始能請領公保之養老給付；如違反義務規定以致被懲罰時，則可依法提起復審或申訴、再申訴，以資救濟；其關聯性是無庸置疑的。

（五）較特別但應平衡

國家賦予一般人民公法權利，並課予其公法義務，主要是基於一般統治關係；然而國家賦予公務人員的各種權利，課予其特別的義務，往昔是基於特別權力關係，現在則基於公法上職務關係，兩者的法律關係迥然不同。大體上公務人員所負擔的這些特別義務，一般人民均無需擔負；而公務人員所有的權利，主要是就人民的權利加以限縮，另外由國家根據公務人員的職務予以適當的補償而得。與一般人民的權利義務相較，公務人員的權利義務顯得較為特別，不過年來也逐漸注意到兩者的平衡問題，例如早期對公務人員的救濟權完全抹煞，目前則已逐漸放寬，雖仍不能與一般人民廣泛的救濟權相提並論，至少差距已然縮小。

（六）內容多且續發展

如上所述，公務人員的權利義務內容項目極多，遠非一般人民的權利義務內容可以比擬，且因隱藏性與延伸性之故，實際上公務人員的權利義務內容要比看得到的法令規定內容為多。義務內容多半具有強制性，不能不履行，但權利內容依其性質並非不能拋棄。隨著時代潮流的發展，並配合政策需要或社會期盼，權利義務的項目也有不斷增加的趨勢。例如公務人員早期僅需履行公務員服務法所規定的各種義務，但這幾年隨著新法律的制定公布施行，申報財產、行政中立與利益衝突迴避等義務已次第加入。

綜上所述，我國當前公務人員的權利與義務內容不在少數。這些權利給予與義務要求，主要是基於公務人員的身分與職務而來，因此不同於一般人民所擁有的權利或負擔的義務，也有與其他權利義務不同的特性。

貳、建議事項

由上述探討中，吾人不僅知道公務人員權義的現況與要點，也可以進一步瞭解其缺失與改進之道。茲分從法制面與執行面提供建議如下：

一、法制面的建議

就法制面言之，關於公務人員職權、權利、義務、責任四者的規範，至少有下列五點值得斟酌改進：

（一）制定公務人員基準法予以統攝

由於我國採個別立法主義，一事項即以一法律加以規定；正因為不同法律的立法目的與法律效果各有不同考量，以致界定的公務人員定義與適用範圍往往不同，各法律條文之間也難免有矛盾衝突之處，因此衍生不少困擾與疑惑。釜底抽薪之計，應是制定一原則性的、上位階的基準法律予以統攝，在此一基準法律之下，始允許個別規定。考試院前曾研擬公務人員基準法草案送請立法院審議，可惜功敗垂成，殊屬可惜。為解決此一根本問題，主管機關自應加倍努力。

（二）修正公務員服務法相關內涵

前言之，公務員服務法最早制定公布於抗戰時期，已逾八十多年；在這漫長歲月中，僅見數度部分條文修正，其主體架構與邏輯思維均無更動。因此，法條文字之間仍充滿上對下的管理權威，不脫絕對的特別權力考量，顯已不符當今法治的潮流。故公務員服務法實有朝公法上職務關係、權利義務平衡的方向大幅修正調整的必要。

（三）制定公務人員升官等訓練法提升位階

目前有關公務人員升官等訓練的法規依據，是公務人員任用法第17條授權訂定的薦任公務人員晉升簡任官等訓練辦法，及委任公務人員晉升薦任官等訓練辦法。此二辦法因有法律授權依據，尚符法治原則，惟因牽涉公務人員升官等之重大權益，從法律保留的角度觀之，實可參照公務人員升官等考試法之成例，予以提升位階，制定公務人員升官等訓練法，期能更符合法律保留原則。

（四）公職人員財產申報法及其他涉及公務人員法律之處罰，應回歸公務人員體制

前已言及，公職人員財產申報法、公職人員利益衝突迴避法之規範對象，雖包括民選公職人員、政務人員等，但顯然以公務人員為大宗；臺灣地區與大陸地區人民關係條例係以一般人民為規範對象，但公務人員也是重要部分。這些法律之行政處罰乃以罰款為主，既悖離，也切割公務人員完整的處罰機制，似有不妥。為保持公務人員完整的處罰及救濟體制，避免爭議，這些法律的罰則規定，或可考慮回歸公務人員的懲戒或懲處機制。

（五）公務員懲戒法中規定懲戒程序只有一級，如符合法定事
　　　由，只得提起再審之訴；此外，再無任何救濟管道，顯有
　　　不足，應修法改進

　　當前司法爭訟，不論民事、刑事及行政訴訟，大致均採三級三
審，只有少數採二級二審，且可再審，用資保障人民之救濟權，彰
顯對人權之重視。然而懲戒程序卻僅設一級，除再審之訴外，沒有
任何救濟管道可言，明顯有所不足；公務員懲戒法自有配合修正改
進的必要，方能彰顯對公務人員人權的重視。

（六）懲戒與懲處的關係有所競合衝突，應藉修法予以釐清

　　公務人員之處罰，原僅有懲戒一途，但因其程序繁瑣緩慢，難
收及時處罰之效果，故公務人員考績法修正後，即以平時考核之
名，行處罰之實；可核予公務人員一次記二大過免職、記一大過、
記過、申誡之懲處，於是行政處罰之懲處與懲戒二者併行制，逐告
形成。究係走懲戒、懲處途徑，除監察院提案彈劾者一定移送懲戒
外，其他均由主管機關決定。此舉除讓主管機關長官有更大裁量權
外，對公務人員權益之保障，明顯亦有不足。或可考慮以程度區
分，如違反刑事或行政法律之重大事件，一定移送公務員懲戒委員
會審理；如只是違反法規命令以下之一般事件，始由主管機關自行
處理。相信對於這二個法律的競合衝突，一定有正面的助益。

　　諺云：法規難免有缺點（There is no rule but what way fail），故
在現實的法體系中難免會出現法律漏洞（gaps in law）。（羅傳賢，
2014：64）如上所述，關於我國公務人員權義的規範，自非完美，
而有值得改進之處。上揭六點建議，或可供未來立（修）法之參
考。

二、執行面的建議

「徒法不足以自行」，法規範制（訂）定之後的執行，更是能否落實的成敗關鍵。就現況以觀，我國當前公務人員權義的執行面固有值得稱讚之處，但尚非十分到位，至少有下列六點可以檢討與改進：

（一）各機關應加強公務人員的法治訓練與宣導

不容否認的，當前公務人員均經國家考試錄取，並經一定期間訓練期滿成績及格，始能任用，在專業知識領域皆有一定水準；然而多數技術人員及少數行政人員，對法規的瞭解及法治概念明顯不足，在有意或無意之間，不但可能侵犯人民的權利，自己也可能誤觸法網，身陷囹圄。所以各機關一定要加強公務人員的法治訓練與宣導。

（二）各機關應編印權利義務及責任手冊，提供公務人員使用

公務人員的權利義務有那些？應承擔責任為何？各機關、各職務固然有別，且難以完全列舉涵括，復因法規在不斷變動之中，所以也可能會隨時配合調整。然而機關提供公務人員，特別是初任公務人員一本攸關其權利、義務與責任的手冊，或在機關內部網站上公告周知，卻是必要的。因為只有讓公務人員清楚知道他的權利、義務、責任之所在，他才能更盡心盡力的去執行公務，也可以充分的維護其應有權益，減低違法的可能性。目前部分機關雖有編列權利義務手冊，但似乎稍嫌簡略，且幾乎不包括責任；而少數機關既未見編列，亦未在內部網站中公告，均有檢討改進的空間。

（三）機關首長或上級長官的管理思維，必須因應時代潮流而
　　　調整

　　一些首長或長官，或因政治任命，或在「久婦熬成婆」後，總
是高高在上，始終將權力放在前頭，以領導統御或業務需要爲由，
誤認或迷信自己的權力在部屬的權利之上，甚至刻意蔑視或侵犯公
務人員的權利，這不但有違法之虞，也會造成長官與部屬之間的疏
離及不信任。得失之間，不難理解。

（四）公務人員執行職務的公權力，是最後的尚方寶劍，不得已
　　　才用之

　　公務人員在執行職務時，都是直接或間接代表國家執行公權
力，其具有職務上的權威是毋庸置疑的。不過在面對管理或服務對
象時，一定要有良好態度、平和語氣，先以溝通的方式尋求配合或
協助；如對方經好意溝通後仍不願配合或協助，最後才動用公權
力，以強制手段處理。相信這樣一定可以減低執法的成本負擔，也
可以減少人民的惡感。

（五）全國及各機關公務人員協會的運作應強化

　　多數公務人員由於工作忙碌或習於層級節制體系之故，對於公
務人員協會始終冷漠以對，不願聞問。但不可否認的，公務人員權
益的維護與爭取，除民意代表協助與主管機關主動釋出善意外，主
要還是要透過公務人員協會集體的力量，才能爭取較有利的工作條
件與相關權益。是以全國公務人員協會及各機關公務人員協會允宜
爭取具會員資格之非會員加入，並加強會員之間的聯繫與團結，強
化協會的功能與運作；也惟有如此，對於公務人員權益的維護與爭
取，方能展現正面的積極意義。

（六）公務人員保障機制應有效落實

個別公務人員如認權利受損或課予責任過重時，即得依法提起復審、申訴與再申訴，保訓會就事論法予以公平審酌，讓當事人有救濟的機會，這是法治國重視公務人員人權的當然之舉，自有其重要意義。然而保訓會在面對一些涉及高度屬人性、專業性判斷、首長裁量權的爭議案件，卻以尊重為由，主動止步，例如：績效良好卻被考績委員會及機關首長考列乙等；死亡事實被銓敘部因公死亡撫卹小組認定非因公死亡等。不容否認的，保訓會如不能加強審查密度，給予公務人員適切的、公平的、合理的審酌，對於公務人員人權的保障自屬不利，該會的專業權威也不易建立與維持。

要之，從公務人員的權義出發，不論在法制面或執行面，均有一些值得改進的地方。如上所言，當不難理解。期盼我輩學者專家及公務人員共同努力，讓我國公務人員法制更為健全，對於職權行使、權利維護、義務要求與責任承擔，都能有更明確妥當、適切合宜的規範；在執行上也能有效的落實。從而減少公務人員違法犯紀的發生機率，提升政府機關的行政效能與清廉形象，則為國效勞、為民服務的目的乃能達成矣！

公務人員年金改革重點及其影響

壹、公務人員年金改革的背景

所謂「年金」（annuity），係指定期性之金錢給付。公務人員退休後所領取的各項給付，包括月（兼）退休金、公保養老給付優惠存款利息及月補償金等，原均依不同法令規定辦理，並未以「年金」名之；惟自民國105年6月啟動的公教人員退撫改革措施，相關部門及大眾媒體皆以年金改革稱之，年金之名遂不脛而走。在公務人員退休撫卹基金潛藏負債不斷攀升，以及國家財政日漸困窘之際，公務人員年金改革措施不但十分重要，且已刻不容緩。

這一次的公教人員（含公立學校教職員）年金改革，大致可分為三個階段。第一階段始白民國105年6月總統府成立國家年金改革委員會，由副總陳建仁任召集人，行政院政務委員林萬億任副召集人，除研擬具體改進措施，並形諸法律條文外，亦分赴各地舉辦座談會，再召開國是會議。獲致共識後，進入第二階段，將公務人員退休資遣撫卹法草案送考試院進行政策及法案審議；至於公立學校教師部分，則責成教育部參照研擬相關法案，送行政院審議。第三階段則由立法院司法及法制委員會與相關委員會舉行聯席會議，就

法案進行審查，嗣提報院會完成立法程序，再咨請總統於106年8月9日公布。除2條條文提早於公布日施行外，並定自107年7月1日施行。至此，屬於法制面的改革，除相關子法的研訂外，大致告一段落，接下來就將進入執行面的改革。

貳、公務人員年金改革的重點

　　按公務人員退休資遣撫卹法，全文計分6章95條條文（含4個附表），其中第一章至第四章均分3節，第五章及第六章不再分節。為使退休及現職公務人員瞭解相關權益之改變，爰就本法規範略述此次改革重點如下：

一、增訂退休種類及要件

　　就大類而言，退休種類仍分自願退休、屆齡退休與命令退休三種。但在細項方面，自願退休除維持一般自願退休、彈性自願退休及危勞降齡自願退休外，並新增身心傷病或障礙自願退休及原住民公務人員自願退休二項，至於危勞降齡自願退休則新修訂條件；在屆齡退休，仍維持一般屆齡退休與危勞降齡退休二項；在命令退休，亦維持一般命令退休與因公命令退休二項，但前者已新修訂條件。（如附表1）終究其實，可謂已有不小改變。

二、提高月退休金起支年齡

　　在一般自願退休，於民國109年前，仍維持目前之八五制（即任職滿25年者，應年滿60歲；如任職滿30年者，應年滿55歲）；但民國110年法定起支年齡定為60歲，縱符合指標數，可擇領展期月退休金，至少亦需年滿55歲；以後逐年提高1歲，至115年法定起支年齡

定為65歲，縱符合指標數，可擇領展期月退休金，至少亦需年滿60歲；在120年以後，一律為65歲。（如附表2、附表3）

三、調降退休所得替代率

自107年7月1日起，已退休人員退休年資35年者，退休所得替代率定為75%，以後每年調降1.5%，10年過渡期滿後調降為60%；退休年資30年者，定為67.5%，10年過渡期滿後調降為52.5%；退休年資25年者，定為60%，10年過渡期滿後調降為45%；其餘年資者類推。但調降後月退休總所得不得低於最低保障金額新臺幣32,160元；惟原即支領低於最低保障金額者，仍維持原金額。（如附圖1、附圖2、附圖3）

四、調降優惠存款利率

自107年7月1日起，支（兼）領月退休金人員之優惠存款本金，其年利率調降為9%，110年1月起調降為0。支（兼）領一次退休金者，其一次退休金加公保養老給付合計之本金，在等於或低於最低保障金額之部分，均維持年利率18%不變；但超過最低保障金額之部分，107年7月1日起調降為12%，110年1月起調降為10%，112年1月起調降為8%，114年1月以後調降為6%，嗣後不再調降。（如附表4、附圖4）

五、調降退休金計算基準

不論支領一次退休金或月退休金，自107年7月1日起，公務人員退休金計算，係以退休前5年平均俸（薪）額為基準；109年1月起以6年平均俸（薪）額為基準，以後每年逐年增加1年；至118年1月以後，均以15年平均俸（薪）額為基準，不再調整。但本法公布施行

前已符合法定支領月退休金條件（含符合指標數），而於施行後退休生效者，仍按其最後在職等級之俸（薪）額計算退休給與。（如附表5）

六、增列退休再任停發月退休金人員範圍

已退休人員再任公職，應停發月退休金及優惠存款之範圍，原僅限於行政機關、公立學校、公營事業機構、政府捐助（贈）之財團法人、行政法人及公法人、政府轉（再轉）投資事業、政府直（間）接控管之財團法人及轉（再轉）投資事業；但自107年8月1日起，再任私立學校職務者，亦同受限制。如再任法人之政府代表、事業之公股代表，領有報酬，其每月薪酬總額合計超過法定基本工資（目前是新臺幣21,009元）之職務，亦應停發；惟如受聘（僱）執行政府因應緊急或危難事故之救災或救難任務，或擔任山地、離島或其他偏遠地區之公立醫療機關（構），從事基層醫療照護職務者，不在此限。此即一般所稱之禁止雙薪肥貓條款。

七、採計育嬰留職停薪期間之年資

自106年8月11日起，因育嬰申請留職停薪之期間，得選擇「全額自費，繼續撥繳退撫基金」，以憑日後併計此段育嬰留職停薪期間為退休年資。在該日以後始申請留停者，採隨案辦理方式，並應填具選擇書確定意願，嗣後按月繳付退撫基金費用；在該日以前已申請留停者，應於三個月內申請撥繳並繳交費用。一經選定，不得變更。

八、建立職域轉換年資轉銜制度

目前公務年資與私部門年資各自採計辦理退休，素無瓜葛。惟

107年7月以後離職人員，如已任公職滿5年離職未轉換其他職務者，可保留年資，俟年滿65歲之日起6個月內申領一次退休金；如任公職滿15年者，則可擇領月退休金。如有轉任其他職務，可併計年資成就月退休金請領條件，但分別計算請領年金；或比照保留年資規定，請領一次退休金。

九、明定離婚配偶退休金請求權

公務人員之離婚配偶，無工作，或其適用之退休規定有相同分配規定者，如婚姻關係存續2年以上者，則有該公務人員之退休金請求權；但限以一次退休金標準計算一次給與，其分配比率按婚姻關係期間占公職期間部分之比率二分之一計算，其發給方式則以離婚時先協議為原則。此一請求權不得讓與及繼承；如自知悉有分配請求權時起2年期間不行使而消滅，但自法定財產制或共同財產制關係消滅時逾5年者，亦同。

十、取消年資補償金

採全面向後廢止年資補償金，並給予一年過渡期間之方式辦理。即自法案公布施行一年後，也就是自108年7月1日起退休生效者，不再發給年資補償金；在這一年過渡期間退休生效仍支給之年資補償金，按其適用之退休金基準計算給與。已退休擇領月補償金者，因退休所得替代率調降，導致其於法案公布施行前後，所領月補償金總額仍未達原得領取之一次補償金金額者，補發其餘額。

十一、調整月撫慰金為遺屬年金

除月撫慰金名稱改為遺屬年金，一次撫慰金名稱改為遺屬一次金外，原則上在法案施行後一年之前（即108年6月30日前）亡故

者，仍照原規定辦理。但在108年7月1日以後亡故者，配偶支領遺屬年金之要件，由與退休人員婚姻關係從退休生效時累積存續2年，修正為亡故時累積存續10年以上；另明定遺屬已領有其他退撫金、優惠存款或定期性給與者，不得擇領遺屬年金，但仍可支領遺屬一次金。惟如選擇放棄應領之定期給與，並經權責機關同意者，不在此限。

十二、明定新進人員建立全新制度

責成主管機關對於112年7月1日以後初任之公務人員，應另以法律重行建立退撫制度；惟如何規定，則尚無明文。

要之，此次公務人員年金改革，在確保永續經營及兼顧與其他業別平衡的大目標之下，採取不少的改進措施。這些改進措施的重點已如上述，大致係秉持「多繳、少領、延後退」的原則進行。不只就現職人員予以規範，對於已退休人員，亦基於「非真正的溯及既往」法理，而同受規範。正因為此次改革的幅度頗大，對於相關人員的權益影響至大，自然值得我輩特別留意與關注。

參、公務人員年金改革的影響

公務人員年金改革，在民國106年8月9日總統明令公布公務人員退休資遣撫卹法，除2條條文外，均定自107年7月1日施行後，法制面的改革大致已告一段落，接下來就是依據法律而來的細節性與技術性規定，以及配合執行的準備工作。由於此次改革的目標是確保退撫基金的永續經營，並兼顧與其他業別的適度平衡，所以「多繳、少領、延後退」的方向規畫，遂成改革的重心所在。不能否認的，這對於國家財政負荷的減輕，雖有正面的貢獻，但對於已退休

人員，乃至於現職人員的權益，勢必帶來莫大的影響。

　　就公務人員退休資遣撫卹法規定言之，所謂「多繳」，乃針對現職公務人員，旨在提高法定提撥率為12%至18%；所謂「少領」，則包括現職人員與已退人員，包括調降退休所得替代率、調降優惠存款利率、調降退休金計算基準、取消年資補償金等改進措施；所謂「延後退」，乃提高現職人員月退休金起支年齡。至其他較為重要的相關措施，則有：增加退休種類及修正退休條件、增列退休再任停發月退金人員範圍、採計育嬰留職停薪期間之年資、建立職域轉換年資轉銜制度、明定離婚配偶退休金請求權、調整月撫慰金為遺屬年金及明定新進人員應建立全新制度等措施。這些相關措施，與已退或現職公務人員錢財雖非直接相關，但其實仍與公平妥適有關，依然圍繞著錢財打轉，甚至擴及周遭的親屬及未來新進公務人員。就大體而言，其變革幅度不可謂不大。

　　從上述「多繳、少領、延後退」三大構面以觀，現職公務人員受到的影響主要是多繳與延後退，至於少領，則是未來才會面臨的問題；對於已退休人員，主要的衝擊在少領。由於此次改革旨在改善退撫基金的負荷，確保退撫基金的永續經營，故採取「非真正的溯及既往」，就已退休人員業經核定，並已實際支領一段期間月退休金的退休處分，重新依據新修正法律再做另一次向後生效的處分；如此一來，已退休人員的退休所得勢必有所改變。

　　依銓敘部退撫司試算表，（如附表6、附表7、附表8）謹舉二例，如公務人員均有新舊制年資，任職滿30年退休，其退休等級為委任第五職等年功俸十級520俸點之非主管人員，目前支領之月退休總所得　（含月退休金及優惠存款利息）為新臺幣52,001元；107年7月以後，月退休總所得降為46,481元；114年1月以後降為40,283元；118年1月以後降為36,152元；扣減額比率為30.48%。如其退休等級

為簡任第十二職等年功俸四級800俸點之主管人員，目前支領之月退休總所得為90,227元；107年7月以後降為71,651元；114年1月以後降為62,098元；118年1月以後降為55,729元，扣減額比率為38.24%。對一個年紀已長，不再有謀生能力的退休人員而言，不論其任職年資長短、退休俸級高低，或是否曾任主管職務，這次改革所刪減的比率與金額可謂不小；這也難怪退休人員走上街頭抗爭。不過只要自己及家人身體健康、父母長輩無須看護及特別照顧、沒有大額負債或購屋貸款、孩子已長大無須撫養，加以儉樸過日，改革減少後的月退休總所得，如僅用於日常生活開銷，應該還是稍有餘裕，足以安享晚年。

不可否認的，這次公務人員年金改革，對國家而言，已減輕財政負荷，足可延長退撫基金的經營期間；對社會而言，雖可促進公私業別之平衡，但也製造新的業別對立與敵意；對機關而言，吸引人才的誘因降低，可能降低公務品質及競爭力，難免也會影響士氣；對於已退休人員而言，因退休所得大幅減少，勢必有所埋怨，也會減少消費支出。是得是失，端看從那一角度觀察而定。

要之，這次公務人員年金改革對於已退休人員及現職人員的退休權益都有莫大的影響，我輩公務人員不能不知，也應做好因應準備，才能平安自在的生活，不致於陷入「身苦心亦苦」的困境。

附表1　公務人員退休種類

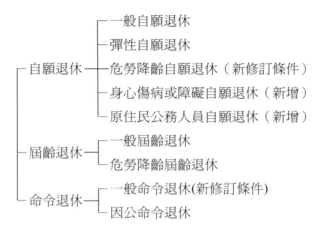

資料來源：銓敘部退撫司（106.8）

附表2　公務人員年金改革後月退休金法定起支年齡

適用對象		任職年資	109 年以前起支年齡	110 年以後起支年齡
屆齡退休		15年	※	※
命令退休		15年	※	※
自願退休	任職滿5年、年滿60歲	15年	60歲	60歲→65歲
	任職滿25年	25年/30年	60歲/55歲	60歲→65歲
	危勞降齡(維持現行規定70制)	15年	55歲	55歲
	達公保半失能以上或身心障礙為重度以上等級者或末期惡性腫瘤或安寧病房末期病人或重大傷病不能從事本職工作者	15年	55歲	55歲
	原住民公務人員	25年	55歲	55歲→60歲
精簡退休	任職滿20年	20年	60歲	60歲
	任職滿15年、未滿20年及任本職最高職等年功俸最高級滿3年且任職滿15年	15年	65歲	65歲

資料來源：銓敘部退撫司（106.8）

附表3　公務人員年金改革後一般自願退休月退休金起支年齡延後方案過渡規定

退休年度	法定起支年齡（展期及減額之計算基準）	過渡期間指標數（年資+年齡之合計數，高於或等於退休當年指標數，即可支領全額月退休金，不受法定起支年齡限制）	
		指標數	基本年齡
107年	25年~未滿30年爲60歲 30年以上爲55歲	82	至少需年滿50歲
108年		83	
109年		84	
110年	60歲	85	至少需年滿55歲
111年	61歲	86	
112年	62歲	87	
113年	63歲	88	
114年	64歲	89	
115年	65歲	90	至少需年滿60歲
116年	65歲	91	
117年	65歲	92	
118年	65歲	93	
119年	65歲	94	
120年以後	一律爲65歲		

資料來源：銓敘部退撫司（106.8）

附表4　公務人員年金改革後逐年調降優存利率情形

退休金種類 利率 實施時間	支（兼）領月退休金者	支（兼）領一次退休金者（一次退休金+公保養老給付合計）	
	全部優存本金	等於或低於最低保障金額部分之本金	超過最低保障金額部分之本金
107.7.1~109.12.31	9%	18%	12%
110年~111年	0	18%	10%
112年~113年	0	18%	8%
114年以後	0	18%	6%

資料來源：銓敘部退撫司（106.8）

附表5　公務人員年金改革後調降退休金計算基準

實施年度	退休金計算基準	實施年度	退休金計算基準
107.7.1~108.12.31	5年平均俸（薪）額	114年度	11年平均俸（薪）額
109年度	6年平均俸（薪）額	115年度	12年平均俸（薪）額
110年度	7年平均俸（薪）額	116年度	13年平均俸（薪）額
111年度	8年平均俸（薪）額	117年度	14年平均俸（薪）額
112年度	9年平均俸（薪）額	118年度以後	15年平均俸（薪）額
113年度	10年平均俸（薪）額		
1.本表之適用對象以本法公布施行後新退休者為限，不適用於已退休人員。 2.本法公布施行後新退休者，其退休金應按其退休年度，依本表所列各年度 　退休金計算基準計算，之後不再調整。但本法公布施行前已符合法定支領 　月退休金條件（含符合指標數），而於本法公布施行後退休生效者，仍按 　最後在職等級計算退休給與。 3.本表所列平均俸（薪）額計算區間，均從最後在職往前推算。			

資料來源：銓敘部退撫司（106.8）

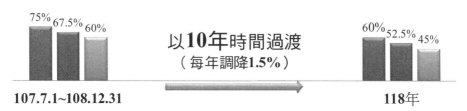

自107.7.1起，逐年調降替代率上限

■35年　■30年　■25年

75%	67.5%	60%	以**10年**時間過渡 （每年調降1.5%）	60% 52.5% 45%

107.7.1~108.12.31　　　　　　　　　　　　　　　　**118年**

最低保障金額　32,160元

> 註：1.調降後月退休總所得不得低於最低保障金額
> 　　2.月退休總所得＝優存利息＋月退休金
> 　　3.原即低於最低保障金額者，維持原金額

附圖1　公務人員年金改革後已退休者調降退休所得替代率情形

資料來源：銓敘部退撫司（106.8）

依退休當年度之替代率上限逐年調降

■40年 ■35年 ■30年 ■25年

77.5% 75% 67.5% 60%　　62.5% 60% 52.5% 45%

107.7.1~108.12.31　　　　　　　118年以後

最低保障金額 32,160元

> 註：1.調降後月退休總所得不得低於最低保障金額
> 　　2.月退休總所得=優存利息+月退休金
> 　　3.原即低於最低保障金額者，維持原金額

附圖2　公務人員年金改革後現職人員新退休者調降退休所得替代率情形

資料來源：銓敘部退撫司（106.8）

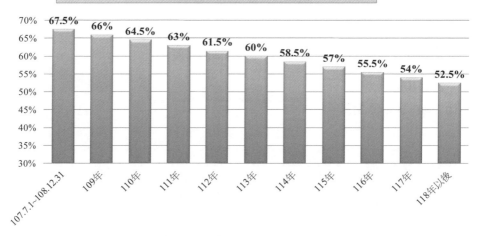

現職人員替代率上限逐年調降：以年資30年為例

67.5% 66% 64.5% 63% 61.5% 60% 58.5% 57% 55.5% 54% 52.5%

107.7.1~108.12.31　109年　110年　111年　112年　113年　114年　115年　116年　117年　118年以後

附圖3　公務人員年金改革後現職人員新退休者調降退休所得替代率情形

資料來源：銓敘部退撫司（106.8）

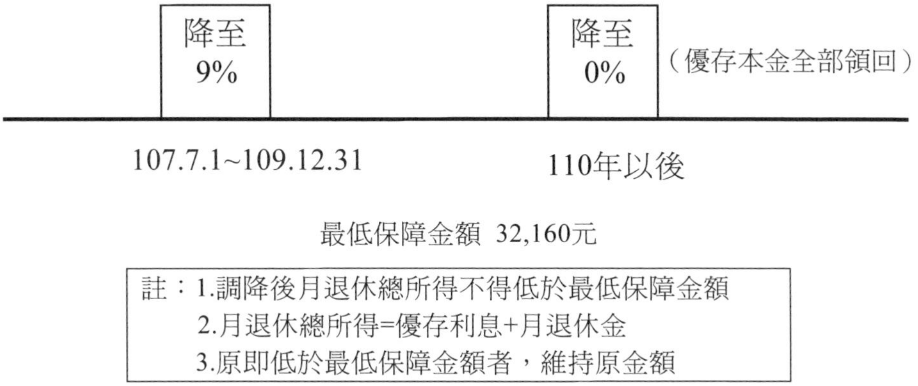

降至
9%

降至
0%
（優存本金全部領回）

107.7.1~109.12.31　　　　　110年以後

最低保障金額　32,160元

> 註：1.調降後月退休總所得不得低於最低保障金額
> 　　2.月退休總所得=優存利息+月退休金
> 　　3.原即低於最低保障金額者，維持原金額

附圖4　公務人員年金改革後支（兼）領月退休金人員調降優惠存款利率情形

資料來源：銓敘部退撫司（106.8）

附表6　公務人員年金改革後的影響（一）

個人所得調降情形概況表：新、舊制（30年為例）

公務人員－新舊制：採10年調降67.5%→52.5%（105.7.1退休）

單位：新台幣；元

退休等級	職務別	改革前月退休所得（月退+18%）	改革後月退所得：分母2:本俸2倍								
			107.7.1~108.12.31 替代率67.5%（優存9%）			114.1.1~114.12.31 替代率58.5%（優存0%）			118.1.1以後 替代率52.5%（優存0%）		
			扣減後所得	扣減金額	扣減額占比	扣減後所得	扣減金額	扣減額占比	扣減後所得	扣減金額	扣減額占比
委任五等 年功十級 520俸點	主管	55,578	46,481	9,097	16.37%	40,283	15,294	27.52%	36,152	19,426	34.95%
	非主管	52,001	46,481	5,520	10.62%	40,283	11,717	22.53%	36,152	15,849	30.48%
薦任六等 年功六級 535俸點	主管	59,551	47,824	11,727	19.69%	41,447	18,104	30.40%	37,196	22,355	37.54%
	非主管	55,516	47,824	7,692	13.86%	41,447	14,069	25.34%	37,196	18,320	33.00%
薦任七等 年功六級 590俸點	主管	64,832	52,772	12,060	18.60%	45,735	19,096	29.46%	41,045	23,787	36.69%
	非主管	59,917	52,772	7,145	11.92%	45,735	14,181	23.67%	41,045	18,872	31.50%
薦任八等 年功六級 630俸點	主管	70,983	56,369	14,614	20.59%	48,853	22,130	31.18%	43,843	27,141	38.24%
	非主管	65,171	56,369	8,802	13.51%	48,853	16,318	25.04%	43,843	21,329	32.73%
薦任九等 年功七級 710俸點	主管	79,683	63,558	16,125	20.24%	55,084	24,599	30.87%	49,434	30,249	37.96%
	非主管	71,363	63,558	7,805	10.94%	55,084	16,279	22.81%	49,434	21,929	30.73%
簡任十二等 年功四級 800俸點	主管	90,227	71,651	18,576	20.59%	62,098	28,130	31.18%	55,729	34,499	38.24%
	非主管	87,299	71,651	15,648	17.92%	62,098	25,202	28.87%	55,729	31,571	36.16%

資料來源：銓敘部退撫司（106.8）

個人所得調降情形概況表：純舊制（30年為例）

公務人員－純舊制／任職30年：採10年調降67.5%→52.5%（84.7.1退休）

附表7　公務人員年金改革後的影響（二）

單位：新台幣；元

退休等級	職務別	改革前月退休所得（月退÷18%）	改革後月退所得：分段2:本俸2倍								
			107.7.1~108.12.31 替代率67.5%（優存9%）			114.1.1~114.12.31 替代率58.5%（優存0%）			118.1.1以後 替代率52.5%（優存0%）		
			扣減後所得	扣減金額	扣減額占比	扣減後所得	扣減金額	扣減額占比	扣減後所得	扣減金額	扣減額占比
委任五等 年功十級 520俸點	主管	46,605	39,261	7,344	15.76%	36,152	10,454	22.43%	36,152	10,454	22.43%
	非主管	46,605	39,261	7,344	15.76%	36,152	10,454	22.43%	36,152	10,454	22.43%
薦任六等 年功六級 535俸點	主管	47,933	40,373	7,560	15.77%	37,196	10,736	22.40%	37,196	10,736	22.40%
	非主管	47,933	40,373	7,560	15.77%	37,196	10,736	22.40%	37,196	10,736	22.40%
薦任七等 年功六級 590俸點	主管	52,851	44,481	8,370	15.84%	41,045	11,807	22.34%	41,045	11,807	22.34%
	非主管	52,851	44,481	8,370	15.84%	41,045	11,807	22.34%	41,045	11,807	22.34%
薦任八等 年功六級 630俸點	主管	56,384	47,447	8,937	15.85%	43,843	12,541	22.24%	43,843	12,541	22.24%
	非主管	56,384	47,447	8,937	15.85%	43,843	12,541	22.24%	43,843	12,541	22.24%
薦任九等 年功七級 710俸點	主管	63,498	53,400	10,098	15.90%	49,434	14,064	22.15%	49,434	14,064	22.15%
	非主管	63,498	53,400	10,098	15.90%	49,434	14,064	22.15%	49,434	14,064	22.15%
簡任十一等 年功四級 800俸點	主管	71,486	60,092	11,394	15.94%	55,729	15,757	22.04%	55,729	15,757	22.04%
	非主管	71,486	60,092	11,394	15.94%	55,729	15,757	22.04%	55,729	15,757	22.04%

資料來源：銓敘部退撫司（106.8）

附表8　公務人員年金改革後的影響（三）

個人所得調降情形概況表：純新制（30年為例）

公務人員－純新制，任職30年：採10年調降，67.5%→52.5%（114.7.1退休）

單位：新台幣：元

退休等級 職務別	改革前月退休金	改革後月退所得									
		109.1.1~109.12.31 替代率66%			114.1.1~114.12.31 替代率58.5% 分母2:本俸2倍			118.1.1以後 替代率52.5%		
		扣減後所得	扣減金額	扣減額占比	扣減後所得	扣減金額	扣減額占比	扣減後所得	扣減金額	扣減額占比
委任五等 年功俸十級 520俸點	41,316	－	－	－	37,598	3,718	9.00%	36,152	5,165	12.50%
薦任六等 年功俸六級 535俸點	42,510	－	－	－	38,684	3,826	9.00%	37,196	5,314	12.50%
薦任七等 年功俸六級 590俸點	46,908	－	－	－	42,686	4,222	9.00%	41,045	5,864	12.50%
薦任八等 年功俸六級 630俸點	50,106	－	－	－	45,596	4,510	9.00%	43,843	6,263	12.50%
薦任九等 年功俸七級 710俸點	56,496	－	－	－	51,411	5,085	9.00%	49,434	7,062	12.50%
簡任十二等 年功俸四級 800俸點	63,690	－	－	－	57,958	5,732	9.00%	55,729	7,961	12.50%

備註：
1.退休金計算基準，以114年度實施之均俸年數11年計算，之後不再調整均俸年數。
2.假設純新制人員之公保均採領一次給付，故所列月退休所得金額均不含公保年金。

資料來源：銓敘部退撫司（106.8）

參考文獻

中文參考資料

➢王保鍵（2017），圖解行政法。臺北：五南圖書公司。

➢仉桂美（2017），行政中立在文官體系中的意義。臺北：T&D飛訊第233期，國家文官學院。

➢皮純協等（2002），行政法學。北京：中國人民大學出版社。

➢考試院（2000），考銓詞彙。臺北：考試院。

➢行政院人事行政局（1999），我國公務人員待遇制度的過去、現在及未來——兼論管制人事費的措施。臺北：行政院人事行政局。

➢吳庚（1995），行政法之理論與實用。作者自行出版。

➢吳庚（2012），行政法之理論與實用。作者自行出版。

➢李建良等（2006），行政法入門。臺北：元照出版公司。

➢李華民（1993），人事行政論（上）（下）。臺北：臺灣中華書局。

➢李惠宗（2002），行政法要義。臺北：五南圖書公司。

➢李震山（2013），行政法導論。臺北：三民書局。

➢林紀東（1977），行政法。臺北：三民書局。

➢林紀東（1992），法學緒論。臺北：五南圖書公司。

➢邱華君（2009），行政法入門。臺北：一品出版社。

➢城仲模（1988），行政法之基礎理論。臺北：三民書局。

➢姜占魁（1980），從各國人事行政制度探討我國人事行政改進之途

徑。臺北：行政院研究發展考核委員會。

➤洪雲霖（1994），中共公職幹部人事制度改革之研究（1987-1994）。臺北：桂冠圖書公司。

➤施能傑（1999），美國政府人事管理。臺北：商鼎出版公司。

➤徐有守（2007），考銓制度。臺北：臺灣商務印書館。

➤翁岳生（1979），行政法與現代法治國家。臺北：國立臺灣大學。

➤馬登科（2006），公務員權益保障手冊。北京：中國方正出版社。

➤涂懷瑩（1980），行政法原理。臺北：五南圖書公司。

➤郭祥瑞（2009），公務員行政法。臺北：元照出版公司。

➤國家文官學院（2017），保障制度與實務，106年度委任公務人員晉升薦任官等訓練課程教材。臺北：國家文官學院。

➤國語日報出版中心（2011），新編國語日報辭典。臺北：國語日報社。

➤陳　意（2013），行政法概要。臺北：五南圖書公司。

➤陳志華等（2005），行政法基本理論。臺北：國立空中大學。

➤陳志華等（2005），行政組織與救濟法。臺北：國立空中大學。

➤陳志華（2007），行政法概要。臺北：三民書局。

➤陳炳生（1988），新人事制度析論。臺北：正中書局。

➤陳新民（2005），行政法學總論。作者自行出版。

➤陳清秀（2014），行政訴訟法。臺北：元照出版公司。

➤陳淑芳（2004），民主與法治-公法論文集。臺北：元照出版公司。

➤許南雄（2000），行政法學概論。臺北：商鼎出版公司。

➤許南雄（2004），行政學術語。臺北：商鼎出版公司。

➤許南雄（2009），各國人事制度——兼論比較人事制度。臺北：商鼎出版公司。

➤許南雄（2013），現行考銓制度——各國人事制度研究途徑。臺北：商鼎出版公司。

➤張子良（2007），公務員制度與行政現代化。上海：上海社會科學院出版社。

➢張永明（2001），行政法。臺北：三民書局。

➢張家洋（1987），行政法概要。臺北：五南圖書公司。

➢張家洋等（1992），行政法基本理論。臺北：國立空中大學。

➢張家洋等（1992），行政組織與救濟法。臺北：國立空中大學。

➢張家洋（1993），行政法（上）（下）。臺北：中華電視公司教學部。

➢梁裕楷等（1999），中國人事管理。廣州：中山大學出版社。

➢姬麗萍（2008），中國現代公務員考銓制度初創：1928—1948。天津：天津古籍出版社。

➢黃異（2009），行政法總論。臺北：三民書局。

➢湯德宗（2003），行政程序法論。臺北：元照出版公司。

➢傅肅良（1987），考銓制度。臺北：三民書局。

➢楊戊龍（2016），公務員法要義。臺北：翰蘆圖書公司。

➢董保城（2011），行政法講義（第二版）。作者自行出版。

➢董保城（2016），行政法講義（第四版）。作者自行出版。

➢銓敘部（2017），中華民國105年銓敘統計年報。臺北：銓敘部。

➢銓敘部退撫司（2017），公務人員年金改革法案介紹。臺北：未出版。

➢管歐（1974），中國行政法總論。作者自行出版。

➢蔡良文（2008），我國文官體制之變革：政府再造的價值。臺北：五南圖書公司。

➢蔡志方（1995），行政救濟法論。臺北：月旦出版公司。

➢蔡茂寅等（2001），行政程序法實用。臺北：學林文化公司。

➢蔡祈賢（2003），公務福利制度。臺北：商鼎出版公司。

➢蔡祈賢（2008），公務人力資源管理。臺北：商鼎出版公司。

➢劉昊洲（1993），我國教育人事制度析論。臺北：龍展圖書公司。

➢劉昊洲（2002），政務人員法制析論。臺北：五南圖書公司。

➢劉昊洲（2005），行政中立專論。臺北：商鼎出版公司。

➢劉昊洲（2008），公務人員人事論叢。臺北：商鼎出版公司。

➢劉昊洲（2014），公務員法專論。臺北：五南圖書公司。

➢劉昊洲（2015），公務倫理暨法制論。臺北：五南圖書公司。

➢劉昊洲（2016），民主與法治的出路。臺北：商鼎出版公司。

➢劉得寬（1990），法學入門。臺北：五南圖書公司。

➢劉德生（1996），中國人事行政制度概述。北京：中國社會科學院出版社。

➢繆全吉等（1989），人事行政。臺北：國立空中大學。

➢羅傳賢（2011），行政法概要。臺北：五南圖書公司。

➢羅傳賢（2014），立法程序與技術。臺北：五南圖書公司。

英文參考資料

➢Almond, G. A. & Powell, G. B. (1980), Comparative Politics Today: A World View. Boston: Brown and Company.

➢Barzelay, Michael (1992),Breaking Through Bureaucracy: A New Vision for Managing in Government. Berkeley, C. A.: University of California Press.

➢Cooper,Christopher A. (2015)," Bureaucratic Identity and the Resistance of Politicization", Administration & Society.

➢Dresang, D. L. (1999), Public Personnel Management and Public Policy. N. Y.: Longman.

➢Edley, Christopher F. (1990), Administrative Law:rethinking Judicial control of bureaucracy. New Haven: Yale University Press.

➢Janda, Kenneth (1990), The Challenge of Democracy. Boston: Houghton Mifflin.

➢Molon, Michael J. (2003), Administrative Law. London:HLT Publications.

➢Riggs, F. W. (1964), Administration in the Developing Countries.N.Y.: Houghton Miggin.

➢Riley, D. D. (2002), Public Personnel Administration.N.Y.: Longman.

➢Simon, H. A. (1976), Administrative Behavior.N.Y: The Free Press.

➢West, William F. (2005), "Neutral Competence and Political Responsiveness: An Uneasy Relationship". The Policy Studies Journal, 33 (2).

➢Wilson, W. (1887), The Study of Administration, Political Science Quarterly, Vol. 2.

國家圖書館出版品預行編目資料

公務人員權義論／劉昊洲著. －－初版.
－－臺北市：五南，2017.12
　　面；　公分.
ISBN 978-957-11-9521-6（平裝）

1.公務人員　2.權利　3.義務　4.論述分析

573.4　　　　　　　　　106023693

4P72

公務人員權義論

作　　　者	劉昊洲（348）
發 行 人	楊榮川
總 經 理	楊士清
副總編輯	劉靜芬
責任編輯	高丞嫻
封面設計	姚孝慈
出 版 者	五南圖書出版股份有限公司
地　　　址	106台北市大安區和平東路二段339號4樓
電　　　話	(02)2705-5066　　傳　　　真：(02)2706-6100
網　　　址	http://www.wunan.com.tw
電子郵件	wunan@wunan.com.tw
劃撥帳號	01068953
戶　　　名	五南圖書出版股份有限公司
法律顧問	林勝安律師事務所　林勝安律師
出版日期	2017年12月初版一刷
定　　　價	新臺幣320元